EJE MOTOR

Desencadena tus habilidades para obtener mejores logros

JUAN G. RUELAS

El eje motor

por Juan G. Ruelas

Copyright © 2015 Editorial RENUEVO LLC.

Derechos reservados

Ninguna parte de esta publicación puede ser reproducida, almacenada en un sistema de recuperación o transmitida en cualquier forma o por cualquier medio – sea electrónico, mecánico, digital, fotocopiado, grabado o cualquier otro – sin la previa autorización escrita de Editorial RENUEVO.

ISBN: 978-1-942991-22-9

Publicado por

Editorial RENUEVO

Contenido

Capítulo 1
Preámbulo   7

Capítulo 2
Tu modo de ser, tu modo de hacer,
tu modo de relacionarte   13

Capítulo 3
SER   17

Capítulo 4
QUEHACER   65

Capítulo 5
RELACIONES   95

Capítulo 6
Lo interior antecede lo exterior   105

Capítulo 7
Eje Motor   109

Capítulo 8
Resumen   123

Capítulo 9
Semblanza   133

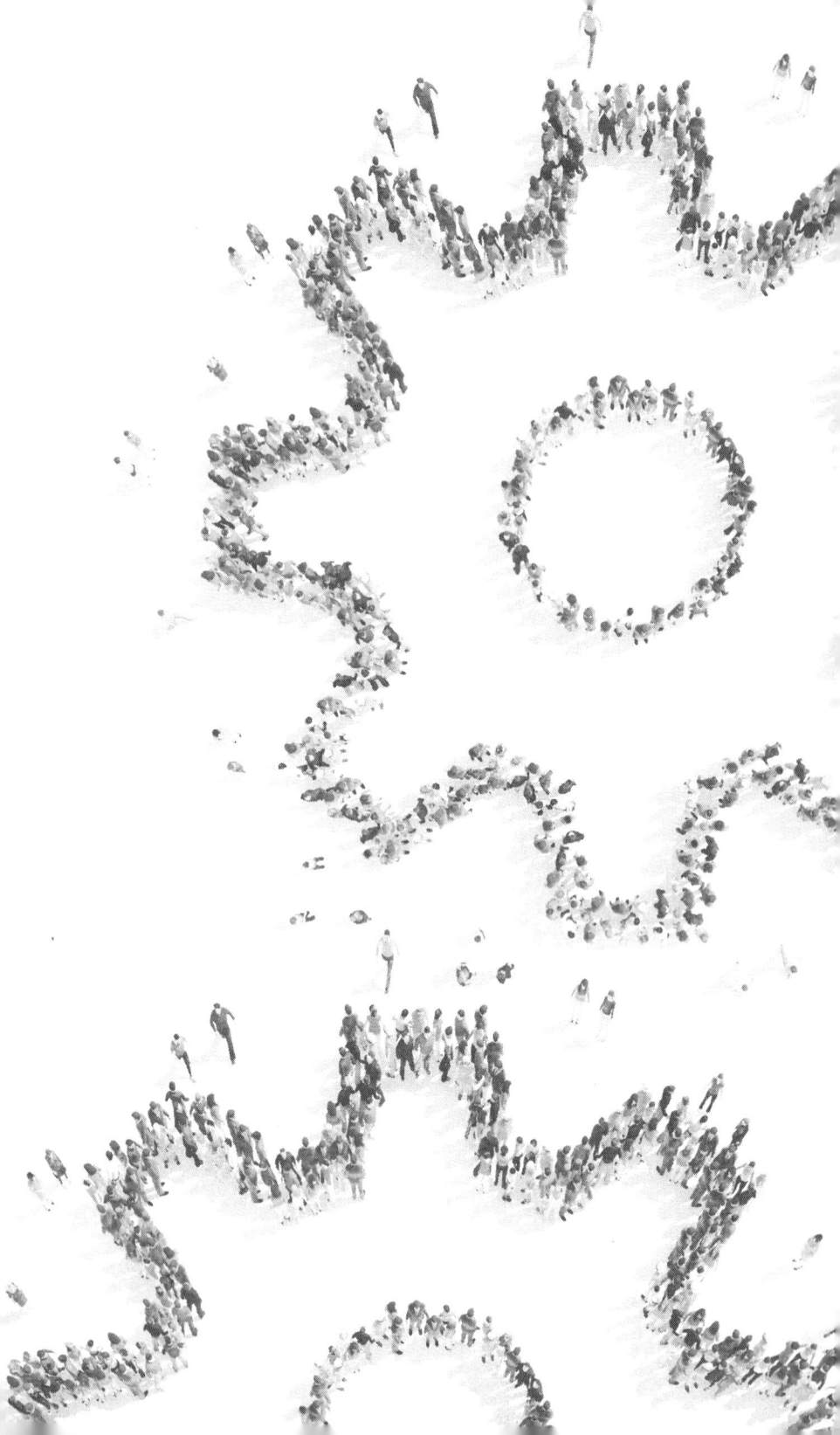

Capítulo 1

Preámbulo

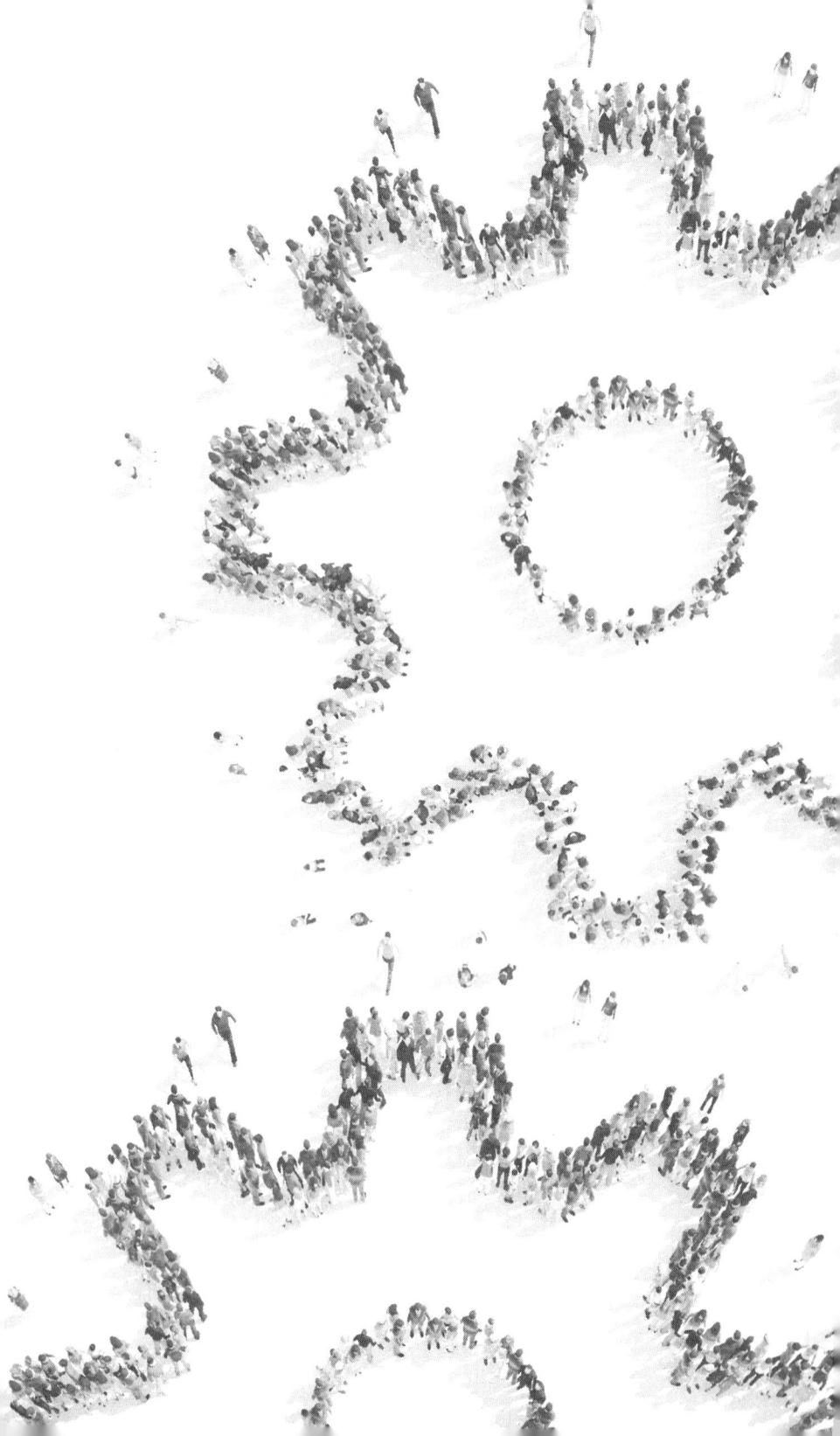

Capítulo 1 Preámbulo

Cuando nos presentaron la oportunidad de negocios, comenzamos con mucho entusiasmo, aprendimos sobre la compañía, estudiamos los productos y nos dimos a la tarea de aprender las técnicas del negocio. Recuerdo que al siguiente día que nos asociamos nos visitó a la casa un miembro del equipo de la línea ascendente. Le comenté lo siguiente: «Dime qué hacer para tener un comienzo con resultados».

Su respuesta no se hizo esperar y me vendió dos boletos de seminario, una pizarra con tripie y cuatro audios. Además de eso, nos vendió dos boletos para una convención de negocios, dos asientos de autobús y un cuarto de hotel. Después de que se fue me quedé con muchas preguntas. Comenzamos a asistir a reuniones donde se presentaba el plan de negocios.

Después de presenciar tres presentaciones, comenzamos a compartir el Plan de Negocios. Asistíamos a entrenamientos, seminarios, y convenciones. Por ocho meses compartimos el Plan de Negocios a nuestras amistades, familiares y compañeros de trabajo. Nadie se quiso asociar con nosotros; más bien, se burlaban y nos criticaban. Cada vez que le comentábamos de nuestra situación a alguien de nuestra línea ascendente, nos recomendaba un audio, un libro o alguna reunión. Pareciera que las técnicas formaban un rompecabezas y habría que encontrarlas para construir el negocio, pues nadie se tomaba el tiempo de explicarlas.

El eje motor

Después de ocho meses de esfuerzo se asoció uno de mis hermanos. Yo me dije, «Si mi hermano no mira resultados pronto, se va a rajar». Así que, en el pueblo que vivía él, contactamos a una de sus amistades que se unió al negocio. Muy pronto logramos asociar a otros. Luego de unos meses había un grupo de dieciocho personas que se habían asociado.

Pero no teníamos la experiencia de desarrollar a individuos en un modelo de negocios de venta directa. Así que ignorábamos los retos personales por los cuales pasa la gente, desde problemas económicos, conyugales, autoestima, desidia, inestabilidad, manipulación, corrupción, mentiras, chismes, irresponsabilidad y hasta envidias.

Recuerdo que en una ocasión uno de los socios me pidió que hablara con su esposa, pues ella se reusaba a apoyarlo. Me invitó a su casa a que hablará con ella. Al llegar a su casa la señora estaba muy molesta y se fue a su cuarto y no salió a atendernos. Mi recomendación a este socio fue así: «Tienes razón, tienes una leona en tu casa, debes de dejarla». Con ese consejo, jamás volví a ver a ese socio.

Ese grupo que habíamos asociado después de ocho meses empezó a desvanecerse. Pareciera que estaba defectuoso, pues no consumían los productos, y no tomaban la iniciativa de aprender las cosas básicas. No asistían a eventos y no mostraban el Plan de Negocios y mucho menos hacían lo que se les pedía que hicieran.

Recuerdo que le dije a Alicia. «¿Sabes? Este grupo está carente de sentido común. ¿Acaso no se dan cuenta de las cosas que tienen que hacer? Debemos de conseguirnos otro grupo.» Bueno, para no hacer la historia tan larga, decidimos dejar ese grupo a su suerte por lo defectuoso que estaba y decidimos buscar otra gente en otros pueblos.

Capítulo 1 Preámbulo

Fue en Salinas, California, a tres horas de Fresno, donde decidimos buscar nuevos asociados. Uno de nuestros socios, Juan Antonio Cruz decidió acompañarnos. Ahí vivía una prima hermana de Alicia. Por más de un año trabajamos el negocio muy duro en esa área. Logramos levantar grupos nuevos adquiriendo experiencias nuevas.

Los resultados que tuvimos trajeron grandes retos con la línea ascendente y el grupo descendente. Las personas ascendentes carecían de integridad, mentían mucho, le gritaban a la gente y además abusaban económicamente del grupo. Muchas personas resultaron afectadas y desistieron del negocio. La oportunidad de negocio tenía mucho de lógica, sin embargo la falta de carácter moral, la manera de hacer las cosas y el no saberse relacionar, provocaba que la gente se asociara y luego desistiera.

Recuerdo que en una ocasión yo ya estaba desgastado y muy desanimado, y me pregunté, «¿Qué funciona y que no funciona en este modelo de negocio? Si no me detengo y me pongo a analizar y encontrar qué es lo que funciona, jamás podremos levantar una organización.»

Así que, me di a la tarea de encontrar como crecer ordenada y estructuradamente, percibiendo las cosas importantes por hacer, y no cada loco con su tema. Después de analizar las prácticas del pasado y las experiencias que habíamos vivido, me di cuenta que todos los retos y desavenencias que habíamos sufrido estaban relacionadas a tres aspectos del individuo: **su forma de ser, la forma de hacer las cosas y la forma de relacionarse con otros.**

Es fundamental hacernos un autoanálisis en estas tres áreas mencionadas. Atreverse a echarse una mirada a sí mismo permite que por sí mismos nos hagamos un autoanálisis;

El eje motor

identificando y reconociendo conscientemente nuestras potencialidades y limitaciones en relación a nuestra **forma de ser, la forma de hacer las cosas y la forma de relacionarnos** con otros. Es decir, el éxito en este modelo de negocio está determinado por tu calidad de SER, tu calidad de HACER, y la calidad de tus RELACIONES con otros.

> **Todos los retos y desavenencias que habíamos sufrido estaban relacionadas a tres aspectos del individuo: su forma de ser, la forma de hacer las cosas y la forma de relacionarse con otros.**

En nuestro camino, mientras desarrollamos este modelo de negocio de venta directa y de crear redes, nos encontramos gente con deseos de luchar por sus sueños y que a la vez no estaban equipados o entrenados para lograrlo. Ignoraban las aptitudes que debían desarrollar para tener mejores resultados.

Es mi intención, lector, compartirte mis experiencias para que te sirvan como base y puedas prepararte para construir tu negocio de multinivel o venta directa de una manera sólida y perdurable.

Capítulo 2

Tu modo de ser, tu modo de hacer, tu modo de relacionarte

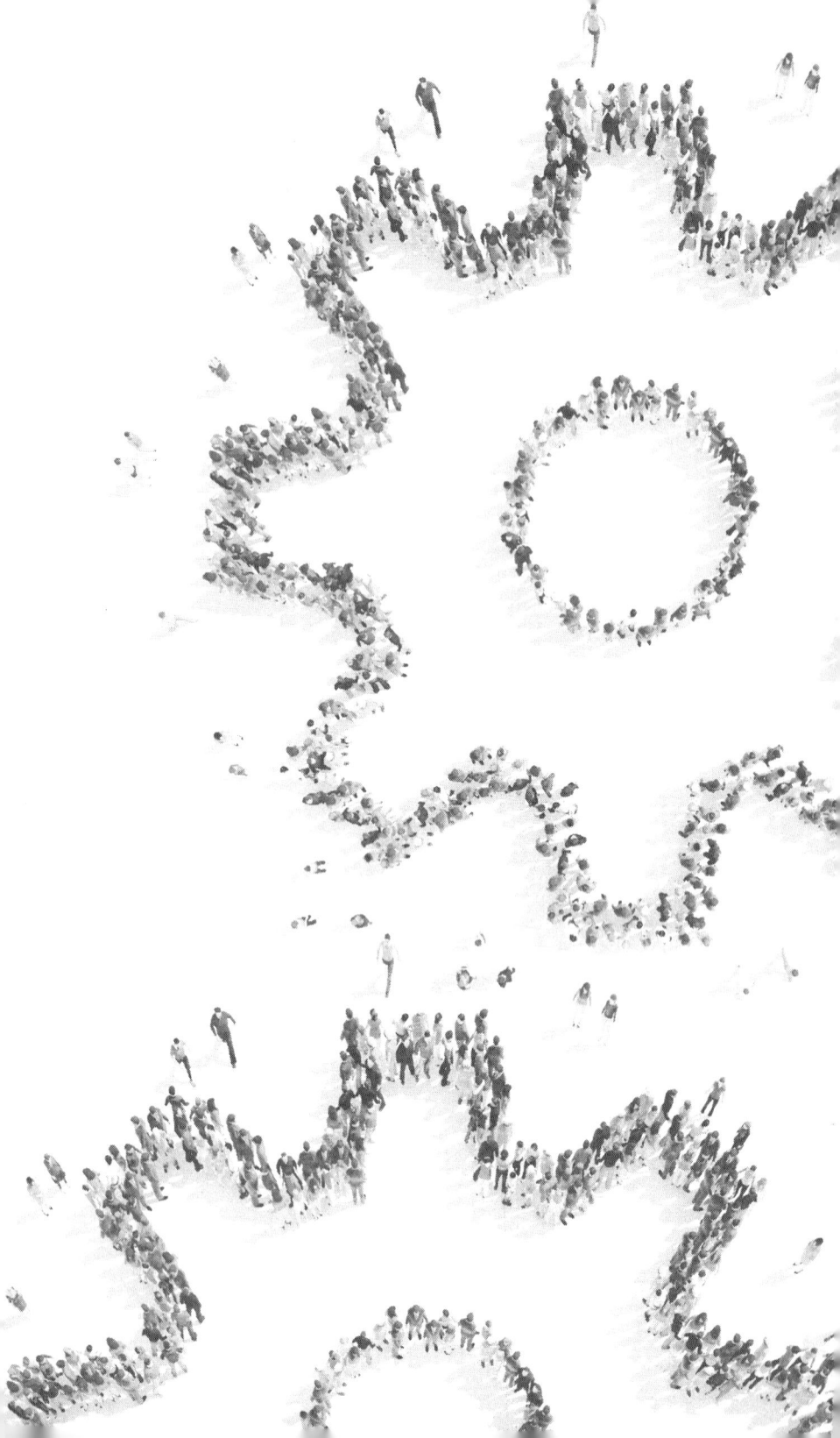

Capítulo 2 Tu modo de ser, tu modo de hacer, tu modo de relacionarte

No importa a qué universidad hayas ido o no hayas ido, una persona, si quiere crecer en lo que hace, debe aprender sobre su propio modo de ser, de hacer y su modo de relacionarse.

Muy sencillo.

Imaginémonos que estás enfrente de un espejo y te preguntas, «¿Cómo soy? ¿Qué tanto sé hacer según los métodos de este modelo de negocio? ¿Qué tan bien me llevo con otros?»

Indiscutiblemente, que al valorarte serenamente podrás dar una respuesta de lo que sabes y no de lo que ignoras. Aunque debes aceptar que hay cosas que no sabes que ignoras, estar consciente de las aptitudes que debes desarrollar para ser más eficaz te hace canalizar los esfuerzos con enfoque.

> **Apartándose del orgullo y elevando la nobleza puede un individuo ver con claridad la medida hasta dónde sabe y qué le falta por descubrir o desarrollar para desenvolverse y tener mejores resultados.**

Quien se atreva a echarse una mirada a sí mismo debe

renunciar a su vanidad que lo hace suponer ser un sabelotodo. Apartándose del orgullo y elevando la nobleza puede un individuo ver con claridad la medida hasta dónde sabe y qué le falta por descubrir o desarrollar para desenvolverse y tener mejores resultados.

En mis conferencias comparto que la vida es un camino que formamos mientras caminamos hacía una meta o sueño por un esfuerzo consciente. Las cosas que hacemos debemos de saber por qué las hacemos. ¿Por qué mejorar tu forma de ser? ¿Por qué mejorar tu forma de hacer las cosas? y ¿Por qué mejorar tu forma de relacionarte con otros? El estar consciente del por qué es muy alentador pues le da sentido a la acción que pones.

Capítulo 3

 Tu modo de SER

Capítulo 3 Tu modo de SER

¿Por qué mejorar tu forma de SER? Aprendí las técnicas del negocio y las cosas fundamentales de cómo sacar una lista, contactar, mostrar el plan de negocio y hacer seguimientos. El problema no fue encontrar gente para este proyecto.

El reto es que mientras asocias personas te das cuenta que tienes que afinar y moderar tu ser. Pues las personas que asociábamos traían consigo un sin número de malos hábitos. Eso era desesperante. Muchos de los socios nuevos eran impuntuales, tenían cantidades de excusas para no llevar a cabo las cosas más básicas.

> **Mientras asocias personas te das cuenta que tienes que afinar y moderar tu SER.**

Hubo varias ocasiones que agendábamos un seguimiento y al llegar al lugar y a la hora de la cita, las personas se escondían o decían que ya no estaban interesados en la oportunidad o inventaban cualquier mentira.

Pronto me di cuenta que los nuevos socios basaban su potencial y sus resultados en las habilidades o cosas que

19

El eje motor

ya sabían y no en las habilidades o cosas que estarían por aprender, desarrollar o por descubrir.

Un consejo para ti que estás emprendiendo esta oportunidad, «Lo que quieras lograr en la vida no lo bases sólo en lo que ya sabes sino en aquello que estás por aprender». Y para aprender debes tener disponibilidad; hay que estar dispuesto, y es cuando uno comienza a descubrir y a entender cómo hacer las cosas.

La disponibilidad es afectada por algunos factores intrínsecos del hombre como son: la excusa, el orgullo, el temor, la baja autoestima y la arrogancia. Una persona orgullosa no permite ser moldeada.

El aprender nace de la disponibilidad y la disciplina. La disciplina sólo se les aplica a los discípulos. Muchas veces la baja autoestima interviene en el aprender. No nos permite relajarnos sino causa preocupación porque tememos ser ridiculizados; tememos fracasar y a perder nuestro tiempo. Carecemos de la fe suficiente en lo que debemos aprender. Esto provoca que nuestra disponibilidad se obstaculice.

La arrogancia es sinónimo de baja autoestima y da como resultado una persona que no sabe quedarse callada, o huraña, demasiado callada.

Por lo tanto en el caso de un individuo que decide emprender o ser parte de una organización de venta directa o mercadeo en red es indispensable que entienda que su forma de ser impacta a los que lo asociaron, a las personas que ha incorporado o está por asociar.

Es decir, si su modo de ser es envidioso o deshonesto su impacto ante los demás va a ser negativo. Es fundamental

Capítulo 3 Tu modo de SER

que una persona, al decidir mejorar o cambiar su modo de ser, entienda que hay una variedad de maneras de ser las cuales deberá atender serenamente sin quizás tener los resultados externos porque esos vendrán tiempo despues. Entonces, en cuanto a la venta directa o mercadeo en red el individuo debe saber lo que se entiende por **SER**.

La palabra **SER** posee múltiples significados. En un determinado contexto, hablar del modo de **SER** de un individuo permite hacer mención a su **personalidad** y **temperamento**. Se trata de un esquema psicológico, con las particularidades dinámicas de un individuo.

El **SER** no es algo que se traiga desde el seno materno, sino que se ve afectado rotundamente por el **medio ambiente**, la **cultura** y el **entorno social** donde cada persona se forma. El modo de **SER** es aquello que nos **diferencia de nuestros semejantes** y que es el resultado del aprendizaje social, lo cual está relacionado con los **hábitos** de cada individuo y la forma en la que reacciona frente a las **experiencias**. El modo de **SER** nunca termina de formarse sino hasta el final de nuestras vidas.

> El **SER** no es algo que se traiga desde el seno materno, sino que se ve afectado rotundamente por el medio ambiente, la cultura y el entorno social donde cada persona se forma.

Es importante mencionar que el **SER** está vinculado con el carácter. Que por su parte, es el conjunto de **aspectos psicológicos** que se **moldean** con la educación, el trabajo,

21

la voluntad y los hábitos y permiten una reacción del individuo frente a las experiencias.

Es importante señalar, sin embargo, que el carácter está íntimamente ligado al temperamento y que actúa a consecuencia de él en la mayoría de las personas.

Nuestro modo de SER se manifiesta en nuestras acciones y en nuestras relaciones.

Para la creación del carácter son necesarios tres componentes: la **emotividad** (repercusión emocional del individuo frente a los sucesos), la **actividad** (inclinación del individuo a responder a un determinado estímulo) y la **resonancia** (respuesta frente a los sucesos).

Aquellas personas que tienen un **carácter nervioso** cambian constantemente sus intereses, se entusiasman o se molestan fácilmente. Nada consigue tenerlos contento lo suficiente. Siempre tienen algo negativo que decir. No tienen orden ni disciplina en su vida. Suelen ser de voluntad débil, sociable y cariñosa. Y además de todo, se dan crédito a sí mismos.

Las de **carácter apático** viven encerradas en sí mismas, son melancólicas, testarudas y perezosas. Les gusta la rutina y se muestran indiferentes frente a lo que las rodea. Son apáticas y poco interesadas en luchar por sus sueños.

Las que tienen un **carácter emocional** son muy sensibles y pesimistas. Prefieren aislarse y se desmoralizan rápidamente. Suelen ser rencorosos, inseguros e indecisos. Por otro lado, tienen problema para adaptarse a cosas nuevas.

Las de **carácter colérico** viven ocupadas, son atrevidas y se mueven por impulsos e improvisación. Son extrovertidas pero en cuanto se presenta algún problema se tensionan fácilmente.

Las de **carácter apasionado** tienen una gran memoria e imaginación y una capacidad innata para trabajar con ética. Suelen abocarse (aportar) por las causas pérdidas y les interesa aprender, son sumamente metódicos en esta tarea.

Las de **carácter amorfo** (indefinidas) suelen ser perezosas, poco originales y despilfarradoras. No les gusta prevenir, son impuntuales y nada las entusiasma.

Mi intención no es enlistarte un sin número de adjetivos calificativos y que te entretengas leyéndolos, sino compartirte el modo de **SER** que necesitas cultivar o ajustar para que construyas un negocio sólido y duplicable.

> Así como al proyector le sale una imagen, de la misma forma, tú vas a proyectar un modo de SER.

Nuestro modo de ser se manifiesta en nuestras acciones y en nuestras relaciones. Nuestros hechos y nuestra forma de relacionarnos son un reflejo de lo que somos por dentro. Por lo tanto, es fundamental que concientices qué modo de **SER** vas a reflejar en cuanto a lo que digas o hagas. Así como al proyector le sale una imagen, de la misma forma tú vas a proyectar un modo de **SER**. Ese modo de **SER** es lo que va a afectar de forma positiva o negativa tus metas.

He aquí un listado del **modo de SER** que es fundamental cultivar o ajustar para construir un negocio sólido según mi experiencia:

1.- La Honestidad
2.- La Integridad
3.- La Buena Actitud
4.- La Honorabilidad
5.- La Actitud de Servir
6.- La Paciencia
7.- La Autodisciplina
8.- La Perseverancia
9.- La Sensatez
10.- La Humildad
11.- El Autodominio
12.- La Puntualidad
13.- La Responsabilidad
14.- El Respeto

1.- La Honestidad
Es el valor de decir la verdad, ser decente, recatado, razonable, justo y honrado. Desde un punto de vista filosófico, es una cualidad humana que consiste en actuar de acuerdo como se piensa y se siente. Se refiere a la cualidad con la cual se designa a aquella persona que se muestra, tanto en su obrar como en su manera de pensar, como justa, recta e íntegra.

Quien obra con honradez se caracterizará por la integridad con la cual procede en todo en lo que actúa, respetando por sobre todas las cosas las normas que se consideran como correctas y adecuadas en la comunidad en la cual convive.

Si aplicamos este concepto a nuestro negocio entonces un

Capítulo 3 Tu modo de SER

socio honesto debería hacerse las siguientes preguntas: ¿Cuál es el grado de decencia que siento en cuanto al dinero? ¿Practico la honestidad? ¿Me quedo con lo que no me pertenece? ¿Soy con los demás a su espalda como cuando estoy frente a ellos? ¿Te quedas con el dinero de alguien más?

Una persona que no es honesta en el dinero no crecerá en los negocios. He visto muchas personas venir al negocio y ser carcomidos por la falta de honestidad. Cuando les pagan la orden fija, toman el dinero y se lo gastan.

En muchas ocasiones observé a individuos en mi línea ascendente y descendente cuyo nombre ficticio para identificarlos sería Epi, mentían para tomar ventaja. Yo los percibía como individuos deshonestos y ventajosos. Eran tan ventajosos que cuando íbamos al restaurante Denny's a verificar progreso, en vez de pagar su comida, le pedían a sus socios descendientes que pagasen la cuenta, pues era un privilegio comer con ellos.

En otras ocaciones, Epi les exigía a sus líderes descendientes que viajaran a dar entrenamientos sin compensarlos o pagarles el viaje. La excusa era que él había pagado un precio muy alto y que ellos también tenían que pagarlo. Eso sí, después del evento exigía que se le depositara el dinero a su cuenta.

Aparte de esto, Epi nos exigía que sólo lo deberíamos edificar a él con la retórica de que «es él quien los viene a apoyar». En cualquier oportunidad que tenía nos hablaba mal de la linea de auspicio aparentando ser una victima.

Cuando platicabamos con nuestro «upline» Ramón, Epi se encelaba. Hubo ocasiones que nos llegó a decir, «Tengan cuidado con Ramón. Qué casualidad que está haciendo mucha relación con ustedes».

Por mucho tiempo Epi nos hacía creer que teníamos que tener nuestros eventos muy separados de los «crosslines» por el hecho de que «nosotros hacemos las cosas diferentes».

Hubo varias ocaciones que reunió a los Platinos donde nos gritó y nos regañó. A Epi, le encantaba el escenario y el reconocimiento.

Habían ocasiones que Epi santificaba a su líder, Machuquis, para esconderse detrás de él. Era obvio que la intención de Epi era apartar el grupo de la organización para él verse como héroe. Cuando le pagaban las órdenes fijas tardaba de siete a ocho meses para entregarlas. Ambos se quedaban con lo que no era de ellos. Jamás vi en ambos transparencia. Todo lo contrario, aprovechaban cualquier oportunidad para obtener un beneficio monetario.

> Una persona honesta no sólo es una persona bendecida, sino que da seguridad a quienes están a su lado ya que la honestidad hace que vivamos sin temor a ser sometidos o regañados.

Recuerdo que Epi no permitía que los Platinos contrataran el autobús. Viajaba de una ciudad a otra para controlar el transporte y cobrar. En los convivios cobraba $25.00

CAPÍTULO 3 TU MODO DE SER

dólares por tomarse una foto con ellos. Aunque los parques eran públicos y gratuitos, ellos cobraban para convivir. Ambos no sólo se enaltecían uno al otro para influenciar sino incrementaban los precios del transporte del autobús y de los cuartos de hotel para obtener ganancias a través de la mentira.

El grado de decencia de estos individuos era muy bajo: se quedaban con lo que no les pertenecía. Este modo de ser, deshonesto, provocó que mucha gente se alejará de ellos; mucha gente desistió y se llevó un mal sabor de esta oportunidad. Más sin embargo, en la organización he conocido a individuos que están conscientes del grado de honestidad que necesitan. Juan Antonio y Dora Cruz se han destacado por ser una pareja con mucha honestidad y son un orgullo de Equipovisión, porque gracias a personas como ellos es que podemos avanzar sin temor y sin dificultades mayores. Una persona honesta no sólo es una persona bendecida, sino que da seguridad a quienes están a su lado ya que la honestidad hace que vivamos sin temor a ser sometidos y rengañados.

Del 1 al 10 ¿Qué tan honesto eres?

1 2 3 4 5 6 7 8 9 10

2.- La Integridad
Integridad es estar entero por dentro. **Íntegro es aquello que tiene todas sus partes puras, nada se ha dañado, corrompido o contaminado.**

Con respecto a una persona, la integridad personal puede referirse a un individuo honesto, que tiene control

El eje motor

emocional, que tiene respeto por sí mismo y respeto por los demás. Es responsable, disciplinado, puntual y puro. Tiene firmeza en sus acciones, por lo tanto, es atento, correcto y no se corrompe. Es decir no se deja desintegrar por los celos, la avaricia o cualquier tentación.

> **Con respecto a una persona, la integridad personal puede referirse a un individuo honesto, que tiene control emocional, que tiene respeto por sí mismo y respeto por los demás.**

La integridad, en este último caso, es la cualidad de quien tiene interés moral, rectitud y honradez en la conducta y en el comportamiento. En general, una persona íntegra es alguien en quien se puede confiar.

Puedo señalar a individuos que empezaron un proceso de descomposición moral y jamás se dieron cuenta que una mentira los lleva a otra mentira.

La descomposición o desintegración consiste de un proceso gradual. Implica una reducción del tamaño de entereza que se tenga en relación a lo moral. El individuo en relación a la honestidad o cualquier otro valor que lo caracteriza, empieza a corromperse y en sí a descomponerse. Es posible desintegrase gradualmente y no darse cuenta del impacto negativo que causamos.

El acto de desintegración, de descomposición, era muy frecuente en mis comienzos. Muchos individuos en la primer organización que intentamos levantar ignoraban qué tan importante es la integridad en este modelo

Capítulo 3 Tu modo de SER

de negocios. Muchos empezaron a descomponerse al involucrarse en otro modelo de multinivel y no mantenerse leal a uno solo.

Otros empezaron a involucrarse con las mujeres de otros y aún otros abuzaban de su liderazgo. Pedían dinero prestado y nunca pagaban sus deudas. La desintegración moral era muy obvia en la organización. Los celos y la envidia pronto empezaron a asomarse y fueron parte de los ingredientes que descompusieron una organización de alrededor de 300 individuos.

En un sentido simbólico, la desintegración o descomposición, se asocia a atacar las ideas de otra persona con la intención de imponer las tuyas. Pues los logros de unos provocan los celos de otros. Esos celos provocan a instigar e inducir una mala reputación.

Señoras y señores, si alguien tiene los resultados que ustedes desean, sean nobles y aprendan. No permitan que ingredientes como los celos, la corrupción, las dudas, las envidias, las sospechas y las ambiciones se conviertan en bacteria y empiecen un proceso de fermentación donde su integridad se empiece a pudrir creando pus. Eventualmente esa pudrición va a empezar a apestar y sus socios se alejaran de ustedes.

La persona íntegra tiene firmeza en su **modo de SER**. Es fiel a los valores que profesa. Una persona íntegra no hace lo incorrecto o lo que más le conviene, sino que hace lo correcto. Conoce su corazón, su deseos, sus valores y sabe buscar en su interior si está obrando rectamente y ve los motivos del porqué actúa como actúa.

La integridad siempre va acompañada de la honestidad y

son parte de un líder íntegro. Un líder que quiera guiar a la gente con mentiras e insensatez no sólo se descompone él sino también a los demás. Recuerden que el ser humano tiene intuición y puede percibir si lo que escucha o ve es bueno o malo. Tarde que temprano el que actúe mal va a ser sorprendido y va a tener que rendir cuentas.

Del 1 al 10 ¿Qué tan íntegro eres?

1 2 3 4 5 6 7 8 9 10

3.- La Buena Actitud
La actitud es el estado de ánimo que se expresa de una cierta manera (como una actitud apaciguadora). La actitud hace también referencia a la **postura** del cuerpo de una persona cuando transmite algo de cierta manera.

En este modelo de negocios, me di cuenta que las personas tienen un molde de pensar y de sentir. Tienen cierto nivel de predisposición que les permite responder y tener cierto nivel de disponibilidad.

Recuerdo que cuando comenzamos este negocio me sentí agobiado por la cantidad de eventos que se nos exigía asistir. Muchas cosas no tenían sentido para mí pues era una repetición de lo mismo. Pareciera que tenía que adivinar el porqué de las cosas. Mi forma de pensar, mi actitud, no estaba moldeada para este tipo de negocios. Por lo tanto me empecé a desesperar hasta que logré entender el porqué de las cosas.

Imagínense a cuanta gente echamos a perder por no

Capítulo 3 Tu modo de ser

entender que las personas que se asocian en este modelo de negocios no tienen una forma de pensar o una actitud moldeada para desarrollar esta oportunidad. Podemos ser imponentes, exigentes y desesperados con una actitud estricta si las personas no hacen lo que se les pide que hagan. Estoy seguro que muchas personas no están en la organización por la actitud que tomamos al exigirles algo.

Señoras y señores la actitud de un individuo o su forma de pensar en relación a nuestro modelo de negocio **se adapta de forma activa a su entorno gradualmente** y no de un día a otro. Es un proceso de aprendizaje y de afecto. Recuerde que, a la gente no le interesa cuanto sabes hasta que ellos sepan cuanto te interesas por ellos. No hay duda que la actitud de una persona es afectada por el cariño que se le muestra.

> **Imagínense a cuanta gente echamos a perder por no entender que las personas que se asocian en este modelo de negocios no tienen una forma de pensar o una actitud moldeada para desarrollar esta oportunidad.**

Por eso, las actitudes de los seres humanos pueden predecir posibles conductas. Cuando se observan las actitudes de un individuo, es factible prever su modo de accionar y poder influenciar para poder conducirlos.

Las actitudes se aprenden al igual que todo en la vida. Captamos nueva información y aprendemos nuevas

El eje motor

formas de ganarnos la vida, y por consecuencia desarrollamos nuevos sentimientos, nuevas actitudes y es cuando accionamos. El aprendizaje es el detonador de la actitud que pueda tomarse. La actitud es afectada por la cantidad de elementos positivos que haya impactado la mente del individuo.

Las actitudes se aprenden al igual que todo en la vida.

Las personas buscan coherencia o el sentido común en lo que están por aprender. Por lo tanto entre más sencillo uno explique las cosas es mejor para conducir la actitud de un individuo.

A las personas no les gusta cuando las cosas no son claras. Eso afecta su actitud. Se sienten incómodos cuando escuchan cosas que se contradicen y como consecuencia de ello buscan disminuir su actividad. Lo mismo ocurre cuando se realiza una **acción** que va en contra de lo que la persona cree o no se relaciona con lo que escucha. Por lo tanto es fundamental aceptar que la lectura es importante para cultivar nuestra actitud y cultivar las actitudes de otros.

Hay que tener en cuenta que las actitudes se pueden modificar para tener los resultados que deseamos.

Es importante establecer también la diferencia entre actitudes positivas y negativas. **Las positivas** son aquellas que colaboran con el individuo para conseguir enfrentar la realidad de una forma sana y efectiva; **las negativas** son las que entorpecen la relación del individuo con su entorno. La libertad del individuo reside en **poder elegir** entre una actitud y otra a cada momento.

Por último, sólo resta decir que las actitudes no solamente modifican el comportamiento individual, sino también grupal. Una persona con una actitud positiva frente a los problemas, puede conseguir incentivar al grupo a salir adelante y a mejorar, mientras que una con una actitud negativa, consigue «infectarlo» para guiarlo al fracaso.

La buena actitud es una de las mejores cualidades del **modo de ser** de un individuo. Debido a que la **actitud** son los **sentimientos** que se transforman en **comportamiento**, podemos llamar a la actitud una cualidad que posee un sin número de buenos atributos.

La buena actitud da una imagen apropiada, una imagen formal. Proyectas creer en ti mismo y estar dispuesto a ver lo mejor en los demás. Una buena actitud te hace ver oportunidades por todas partes. Te provoca buscar soluciones a los problemas. Das sin recibir nada a cambio.

Una persona con buena actitud es persistente, no tira la toalla, no tiene miedo y asume sus responsabilidades. Los animales vienen al mundo con un espíritu de supervivencia, pero los humanos desarrollan **su modo de SER** y ajustan conscientemente su actitud y eso los hace triunfar en la vida. El triunfo o el fracaso no es cuestión de suerte. Es un asunto de decisión para aprender las cosas que pueden construir nuestra actitud.

> **Las personas buscan coherencia o el sentido común en lo que están por aprender.**

EL EJE MOTOR

Todos queremos que nos vaya bien en la vida. Para que esto suceda debemos tener una buena actitud. Y la actitud puede ser modificada.

Del 1 al 10 ¿Qué tan buena actitud tienes?

1 2 3 4 5 6 7 8 9 10

4.- La Honorabilidad
El **honor** es una **cualidad moral** que caracteriza al individuo al cumplir con los deberes propios y tener respecto al prójimo y así mismo. Se trata de un concepto ideológico que respalda su conducta.

En este modelo de negocio existen diversas reglas compartidas que se basan en ideales y que constituyen lo que supone una conducta honorable dentro de una comunidad. Por ejemplo: hablar mal de alguien a sus espaldas no es un comportamiento honorable. Una actitud instigadora y manipuladora, por otra parte, atenta contra el honor de una persona.

En esta organización, el honor está vinculado a lo que caracteriza al individuo en sus etapas de liderazgo: Aprender, Hacer, y Orquestar.

> **El honor está vinculado a lo que caracteriza al individuo en sus etapas de liderazgo: Aprender, Hacer, y Orquestar.**

Capítulo 3 Tu modo de SER

Además, una persona honorable es aquella que abraza las características que distinguen al líder de Equipovisión: **respeta a la mujer de su prójimo; no pide dinero prestado a sus socios; es responsable; no manipula para ser compensado; no intimida; no crea fricción; no cambia o re-auspicia gente en la línea de auspicio; no les cambia el nombre para re-auspiciar a la gente; no miente; no usa los medios sociales para enaltecerse; no tiene eventos clandestinos; no cobra para verificar a su grupo; y no cobra para tener un convivio.**

Un individuo honorable es servicial, cumple con su palabra, y no lucra con el dinero del autobús o del hotel, no discute delante del grupo, reconoce y respeta las técnicas de otros líderes, invierte en herramientas extras para desarrollar a su grupo, domina bien el modelo de liderazgo de Equipovisión y rinde cuentas.

Si un individuo cumple con todo esto es digno de honorabilidad y es un ejemplo a seguir.

Una persona honorable es digna de respeto cuando lo actos honorables hablan de sí mismo sin que exiga que lo edifiquen.

Del 1 al 10 ¿Qué nivel de honorabilidad tienes?

1 2 3 4 5 6 7 8 9 10

5.- La Actitud de Servir
Amigo lector, te invito a ver el servicio como un engrane. Como un mecanismo que impulsa y mejora a otros individuos.

Reiteremos, «SERVIR» (engrane) es el nombre que una persona conscientemente se da a sí misma, respecto de otra para mostrarle **rendimiento**. Esto no quiere decir sometimiento al juicio de otra u otras personas.

Amigo lector, te invito a ver el SERVICIO como un ENGRANE, como un mecanismo que impulsa y mejora a otros individuos.

Por lo tanto, debemos estar conscientes que los engranes verdaderos, son fieles a su función (servicio). **Terminan** sus tareas, **cumplen** con sus responsabilidades, **mantienen** sus promesas y **completan** sus compromisos. **No dejan el trabajo a medias ni lo abandonan. Son responsables y dignos de confianza.** Los engranes **efectivos** mantienen un bajo perfil. **No se promueven ni llaman la atención** sobre sí mismos. Si se les reconoce por su servicio, lo aceptan **humildemente**, pero no permiten que la notoriedad los distraiga de sus funciones.

La actitud moral en el servicio, no es una receta, ni se puede dar por decreto, sino que debe ser algo más profundo, una especie de hábito personal, una clase de **virtud**, un talento de elegancia que se ejerza desde el fondo de su corazón de la persona y que termine por crear lo que se conoce como espíritu de servicio o más claro, que concluya por organizar el principio moral de su pensamiento.

Cuando cambiamos la actitud mental estamos cambiando el destino y las condiciones. Esto desencadenará un sin número de oportunidades y circunstancias que nos ayudarán en abrir puertas.

Capítulo 3 Tu modo de SER

Hablar de cambio parece fácil, pero no lo es porque todo comienza en la mente, primero cambiando las imágenes, para luego poder cambiar la conciencia y el comportamiento que a la vez cambiará los hábitos. Para que esto ocurra debemos comenzar por los planos mentales.

La actitud mental esta condicionada por las imágenes o los cuadros que hemos puesto en la mente. Si no nos gustan los cuadros, tenemos que destruirlos para poner otros que sí nos agraden y sean necesario para nuestra evolución como individuo y para hacer esto se requiere cierto conocimiento y conciencia.

De ahí es que decimos que todo comienza en los pensamientos, pero lo que las personas no entienden es que los pensamientos primero tienen imágenes. Con el arte de visualización comenzarás a traer nuevas imágenes y con estas nuevos resultados.

Cuando cambiamos la actitud mental estamos cambiando el destino y las condiciones. Esto desencadenará un sin número de oportunidades y circunstancias que nos ayudarán en abrir puertas.

En esto radica la importancia de entender el tema que estoy exponiendo ahora, pues si no cambiamos los cuadros, los paradigmas y patrones mentales nunca podremos entender la ley más grande de la prosperidad, la cual se basa en el servicio. «**Pues el que sirve será llamado mayor que todos en el reino.**»

El eje motor

Los hábitos hacen que nos aferremos a algo y sí la mente no está abierta para analizar y darnos nuevas oportunidades, actuaremos como robot y no como seres pensantes.

Este es el poder de una imagen y esta es la razón del porqué las persona huyen cuando se habla de servicio, porque a la mente de la gente cuando escucha esta palabra, le viene imagen de un sometido, de una persona sin o con muy poco derecho, y no de una persona que impulsa o mejora a otros a través de su actividad en favor de otros.

Si no cambiamos los cuadros, los paradigmas y patrones mentales, nunca podremos entender la ley más grande de la prosperidad, la cual se basa en el servicio.

Vivimos en un mundo temporal. Todo lo que acumulemos se quedará. Sin embargo todo lo que hagamos y cómo lo hagamos tendrá un impacto en las vidas de los demás y eso sí quedará.

«Cuando me vaya de este mundo nada material me voy a llevar.» Ten por seguro que lo que sí me voy a llevar son las memorias de mi conducta. Eso me fortalecerá para hacer la transición a un mundo mejor. «Pues el que sirve será llamado mayor que todos en el reino.»

En nuestro modelo de negocio el ser servicial es fundamental. Pues cuando ya aprendes las técnicas básicas de este negocio te conviertes en un mecanismo para mejora y ayudar a otros.

Capítulo 3 Tu modo de SER

Entonces pasemos a comprender que el engrane es un mecanismo que impulsa, activa y aviva una fuerza que acelera la materialización de un objetivo.

Bueno, hasta aquí más o menos hicimos un breve comentario explicando la función mecánica del «**engrane**». En esta ingeniería estructural empresarial propongo que percibamos el «**servir**» como un **engranaje**. Funcionemos en conjunto, organizados para un determinado fin. Nos relacionamos en los eventos, convivios y a la vez planificamos las metas.

Vivimos en un mundo temporal. Todo lo que acumulemos se quedará. Sin embargo, todo lo que hagamos y cómo lo hagamos tendrá un impacto en las vidas de los demás y eso sí quedará.

De hecho para ser efectivos dentro de este modelo de negocio necesitamos funcionar en interdependencia formando parte de una comunidad para eventualmente contribuir a crear otras comunidades.

Es sorprendente la cantidad de actividades que nos mantienen conectados unos con otros, desde los megaplanes, entrenamientos, seminarios, convenciones etc. Trabajando juntos podemos ser más creativos y efectivos.

Podríamos decir que los IBO's (empresarios independientes) somos fragmentos, piezas claves que componemos una **comunidad** que ha ido evolucionando buscando un mejoramiento.

39

Entonces somos individuos, piezas, fragmentos que formamos una **comunidad** para nuestro mejoramiento de vida. Sabemos que nuestras capacidades y nuestros recursos individuales están limitados.

Podríamos decir que los IBOs (empresarios independientes) somos fragmentos, piezas claves que componemos una comunidad que ha ido evolucionando buscando un mejoramiento.

Por ejemplo, yo no puedo estar en 100 lugares a la misma vez. Ni mucho menos puedo rotar el círculo (lista, contacto, plan, y seguimiento) en diez estados diferentes. Tampoco soy tan creativo para estar con 50,000 personas haciendo escuelitas. Tampoco soy experto en tecnología para correr más de 500 eventos mensuales. Es más grande lo que desconozco que lo que conozco. Es más lo que no sé que lo que sé. Entonces por mi incapacidad y por necesidad y para mi sobrevivencia estoy obligado a funcionar como un mecanismo que sirve—a ser parte de un **grupo de individuos** marcados por una forma de pensar en común. Eso crea una cultura, un cierto folklore, y ciertos criterios compartidos que condicionan nuestras costumbres y estilo de vida y que se relacionan entre sí en el marco de una **comunidad**.

Señoras y señores, para tener los resultados que queremos en este modelo de negocio, ser servicial es fundamental.

Del 1 al 10 ¿Qué tan servicial eres?

1 2 3 4 5 6 7 8 9 10

6.- La Paciencia

La **paciencia** es el **modo de ser** que lleva al ser humano a poder soportar contratiempos y dificultades para conseguir algún objetivo.

La palabra **paciencia** describe la capacidad que posee un individuo para **tolerar, atravesar o soportar** una determinada situación sin experimentar nerviosismo ni perder la calma. De esta manera, puede decirse que un individuo con paciencia es aquel que **no suele alterarse**.

Cuando una persona o situación acaba con la paciencia de alguien, consigue que el individuo alcance un estado de hartazgo, que se canse y que no soporte más esa realidad. Las consecuencias pueden ser muy variadas, y van desde brotes de mero alejamiento o el dejarse rendir.

La paciencia también representa la facultad de aprender a aguardar por alguien o algo sin perturbarse durante la espera. La paciencia representa la **capacidad de llevar a cabo diferentes planes o tareas sin permitir que la ansiedad arruine el objetivo.** La paciencia representa la **lentitud con la cual se desarrolla una actividad que exige precisión y minuciosidad.**

La paciencia, en definitiva, guarda una relación estrecha con la **calma** y con la **paz**. Una persona paciente, según las definiciones teóricas, es aquella que sabe esperar y logra tomarse las cosas con tranquilidad. Lo contrario es

EL EJE MOTOR

un sujeto **impaciente**, que es ansioso y que desea todo de forma inmediata.

Un error muy común es confundir la **paciencia** con la **pasividad**, con la **falta de compromiso** frente a la vida y los obstáculos propios de la realidad humana.

Sin embargo, esto es incorrecto, ya que el primer concepto (paciencia) se trata de una facultad que es sinónimo de fortaleza, de perseverancia, y suele ser el **pilar fundamental para el desarrollo personal** y profesional. No se puede pensar en un gran escritor, o un médico reconocido, ni se puede imaginar a un empresario trascendente que hayan trabajado de forma inconsciente e impulsiva, sin paciencia, sin haber aprendido de sí mismo y de su entorno.

No se puede pensar en un gran escritor, o un médico reconocido, ni se puede imaginar a un empresario trascendente que hayan trabajado de forma inconsciente e impulsiva, sin paciencia, sin haber aprendido de sí mismo y de su entorno.

Así mismo, es de conocimiento popular que los grandes creadores suelen ser incomprendidos por la sociedad; en muchos casos, dar con una idea que mejora y proponer una forma nueva de pensar o actuar suelen ser motivos de ataques, producto de la envidia. Frente a esta actitud barbárica, las personas creativas (adelantadas) deben armarse de coraje y paciencia para conseguir, con mucho esfuerzo, que sus ideas trasciendan.

Otro aspecto de la paciencia es la capacidad de considerar hechos y variables que pueden ser imperceptibles para los seres ansiosos e impulsivos.

Por ejemplo, alguien que es insultado y no responde violentamente puede parecer cobarde, pero también es posible que entienda que si se deja llevar por sus instintos puede empeorar la situación, o que simplemente no vale la pena entrar en el juego de la otra persona.

Es más fuerte y activo el paciente que el inquieto.

Esto refuerza la diferencia con la pasividad, con la falta de interés, y demuestra que muchas veces **es** más fuerte y activo el paciente que el inquieto.

Del 1 al 10 ¿Qué tan paciente eres?

1 2 3 4 5 6 7 8 9 10

7.- La Autodisciplina
La autodisciplina es aprender a ser tú quien maneje y dirija tu cerebro, y no tus emociones a ti. Es ser capaz de imponerte reglas y cumplirlas a pesar de desear otras cosas en el momento.

El eje motor

La autodisciplina, es cuando tú como persona aprendes a controlarte sin que nadie más te lo diga. El manejo de la disciplina es una habilidad que le permite a cualquier individuo obtener mucho más con el mismo esfuerzo.

Alguien dijo que si tú sabes lo que quieres, y lo quieres con suficiente pasión, lo conseguirás con autodisciplina.

La autodisciplina es aprender a ser tú quien maneje y dirija tu cerebro, y no tus emociones a ti.

Ya sea que uno se encuentre en una situación de emergencia, intentando sobrevivir, o desea lograr un objetivo cualquiera, el hecho de desear salir adelante es lo que motiva consciente e inconscientemente a uno mismo para poner todo su empeño en lograrlo.

Este condicionamiento de uno mismo imponerse se denomina «**autodisciplina**», y su entendimiento cabal es fundamental para el logro de cualquier empresa. Una cosa es una disciplina impuesta por alguien y otra cosa es imponerte algo tú mismo por tu propia y profunda convicción, mientras que la disciplina impuesta no es nada más que eso, es decir, imposición a la fuerza.

La disciplina impuesta es minimalista en el sentido que pretende obtener un rendimiento o comportamiento que apela a la dureza, mientras que la autodisciplina (imponerte algo tú mismo) maximiza, pues apela y convierte a un objetivo en una necesidad personal, y con ello logra que los individuos den mucho más de sí mismos con tal de lograrlo.

Capítulo 3 Tu modo de SER

La historia nos cuenta numerosos ejemplos en los cuales, individuos que se han motivado lo suficiente a sí mismos, han logrado salir adelante aun en las peores circunstancias, y otros casos en los que pese a tener todo a su alcance y todas las posibilidades a favor, otros perecen o son derrotados. Estos casos tienen mucho que ver con la aplicación de la autodisciplina, en contraposición a la disciplina impuesta.

La autodisciplina te permite fijar una meta realista o formular un plan y saber cumplir. Es la capacidad para resistir la tentación de hacer cosas que lastimen a otras personas o a nosotros mismos. Requiere de saber cumplir con las promesas y los compromisos que hemos hecho. Es el fundamento de muchas otras cualidades del carácter firme.

Frecuentemente la autodisciplina requiere de persistencia y poder cumplir con compromisos a largo plazo demorando el placer o recompensa inmediata con el fin de alcanzar una satisfacción más duradera. También incluye saber manejar emociones como el coraje y la envidia, y desarrollar la capacidad para ser pacientes.

Aprender la autodisciplina ayuda a regular el comportamiento y permite que de la voluntad nazca la fuerza y la energía para ejecutar y tomar buenas decisiones y saber escoger el bien. Por otro lado, si no pueden desarrollar la autodisciplina, esto los deja expuestos a comportamientos autodestructivos. Sin la capacidad para controlar o evaluar sus impulsos, los individuos pueden dejarse llevar por situaciones peligrosas y fracasar.

Del 1 al 10 ¿Qué tan disciplinado eres?

1 2 3 4 5 6 7 8 9 10

8.- La Perseverancia

-¡Si te caes siete veces, levántate ocho!
Proverbio chino

-¡Caer está permitido. Levantarse es obligatorio!
Proverbio Ruso

-¡Es duro caer, pero es peor no haber intentado nunca subirse!
Theodore Roosevelt *(1858-1919) Político estadounidense.*

-Si se siembra la semilla con fe y se cuida con perseverancia, sólo será cuestión de tiempo recoger sus frutos.
Thomas Carlyle *(1795-1881) Historiador, pensador y ensayista inglés.*

-La perseverancia es la virtud por la cual todas las otras virtudes dan su fruto.
Arturo Graf *(1848-1913) Escritor y poeta italiano.*

-Nuestra mayor gloria no está en no haber caído nunca, sino en levantarnos cada vez que caemos.
Oliver Goldsmith *(1728-1774) Escritor británico.*

Si un individuo tiene un **modo de ser** perseverante, no renuncia, NO tira la toalla o simplemente no hay imposibles. La perseverancia es una cualidad natural que se manifiesta cuando más la necesitas. Te mantiene de pie ante cualquier circunstancia.

La perseverancia te hace contemplar el obstáculo desde donde estés. Después, tomas el primer punto de apoyo que puedas, y luego te impulsas a ti mismo hasta que quedes de pie. Temblando y sudando, pero resueltamente erguido, murmuras: «Sí se puede». Impresionado por tu voluntad

Capítulo 3 Tu modo de SER

de acero aceptas la meta. Con sudor, con lágrimas y con orgullo, cumples tu palabra. Es entonces cuando ves la perseverancia materializarse.

Es muy impresionante ver una voluntad decidida a lograr la meta, que además, confías en hacer lo que se debe hacer. Si una cosa es imposible, se aclarará por sí misma. Entonces todo estará en las manos de Dios, no en las nuestras. «Porque no hay nada imposible para Dios.» El engrane perseverante es duradero, resistente, permanente, tiene endurecimiento, es infatigable y tenaz.

La **perseverancia** es la **acción y efecto de perseverar**. Este verbo hace referencia a **mantenerse constante** en un proyecto ya comenzado. Perseverar es tener una actitud positiva aun cuando las circunstancias sean adversas o los objetivos no puedan ser cumplidos.

> **Perseverar es tener una actitud positiva aun cuando las circunstancias sean adversas o los objetivos no puedan ser cumplidos.**

Como es sabido, la perseverancia es la clave del éxito en la mayoría de los emprendimientos, y puede aplicarse a campos tan diversos como el trabajo físico o mental. En todos los casos, se debe tener un objetivo claro, una meta que justifique el esfuerzo y la dedicación en un período de tiempo generalmente extenso.

A lo largo del camino hacia el cumplimiento de dicho objetivo, la frustración es uno de los peores enemigos de

El eje motor

todo emprendedor. Así que, para evitar autoconvencerse de que no vale la pena continuar luchando, es esencial estar preparado para los intentos fallidos, que son tan naturales como los triunfos.

Justamente en saber aceptar los propios fracasos como parte integral de la vida y convertirlos en recursos reside el secreto de la victoria. Tomando como ejemplo el estudio de un idioma extranjero, se suele creer que quienes aprenden de pequeños aprenden mejor que los adultos, y tienen un menor índice de deserción. La explicación más común para dicho fenómeno gira en torno a la edad, alegando que cuanto más joven es una persona, más predispuesta se encuentra a incorporar una nueva estructura lingüística.

La Perseverancia aparece en los peores momentos, justo cuando todo parece desmoronarse.

Sin embargo, adoptando una visión más constructiva, podemos asumir que quienes se embarcan con dedicación al estudio en su madurez suelen cometer un error que los niños no cometen. Este elemento contraproducente es el *miedo*, y se origina en un constante análisis de las probabilidades de fracaso, de la falta de tiempo o de lucidez, en pensar si vale la pena invertir tiempo y dinero en una actividad que, quizás, sea demasiado para nosotros.

Los niños, en cambio, suelen encarar el aprendizaje de una manera más pasiva; no necesitan buscar el conocimiento, ya que éste llega a ellos.

Capítulo 3 Tu modo de SER

La perseverancia aparece en los peores momentos, justo cuando todo parece desmoronarse frente a nuestros ojos. Su recompensa, por otro lado, es directamente proporcional a la angustia y la desolación que sentimos antes de adoptarla como actitud para nuestras batallas.

Dado que no existe relación posible entre dos personas en la cual no haya conflictos, tampoco existe relación que no requiera de la perseverancia para desarrollarse sanamente. Acercarnos a otros seres vivos y a nosotros mismos representa uno de los mayores desafíos de la humanidad, así como una de las experiencias más enriquecedoras que podemos vivir en esta Tierra y, como todas las grandes oportunidades, exige un gran esfuerzo de nuestra parte.

Es esencial tener claro que no se puede alcanzar el éxito si se transita indefinidamente un camino que nos haya conducido al fracaso.

Perseverar no consiste en intentar lo mismo una y otra vez, sino en mejorar los métodos, en probar cosas diferentes, sin miedo a tener que comenzar nuevamente.

En otras palabras, perseverar no consiste en intentar lo mismo una y otra vez, sino en mejorar los métodos, en probar cosas diferentes, sin miedo a tener que comenzar nuevamente.

Por último, es de popular conocimiento la frase «persevera

y triunfarás», supuestamente creada por el filósofo romano llamado Lucio Anneo Séneca, que nació en el año 4 a. c.

Del 1 al 10 ¿Qué tan perseverante eres?

1 2 3 4 5 6 7 8 9 10

9.- La Sensatez
Todo es temporal. Un individuo sensato tiene buen juicio. Es razonable, sereno, precavido y por lo tanto tiene la comprensión avanzada que una persona tiene de un asunto. Es decir, el **modo de ser** sensato es conducirse y comportarse con inteligencia. Ser sensato es estar ubicado emocionalmente dentro de lo que uno hace.

Como ejemplo, suele mencionarse que un jugador de futbol tiene sensatez cuando, gracias a su experiencia y visión del juego, sabe ubicarse correctamente en el campo de juego, asistir a sus compañeros y manejar el ritmo de juego.

Es importante aclarar que el talento no siempre está vinculado a la sensatez. Una persona puede tener mucho talento en una área y sin embargo no tener sensatez o sentido común. Cualquier individuo puede alcanzar la sensatez a partir de la observación o intentos y fracasos.

Mi abuela decía: «El problema no es tropezarse con la piedra, el problema es que te enamores de la piedra.»

La sensatez, por lo tanto, está asociada a la reflexión, la madurez, el entendimiento. Puedo recordar consejos que mi abuela me decía: «*No te conviene exponerte de esta*

Capítulo 3 Tu modo de SER

forma, tienes que demostrar sensatez en tus acciones.» Por otro lado puedo compartirles algunos consejos que he compartido a algunos líderes: «*Necesitamos dirigentes que se manejen con sensatez y que no despilfarren su dinero.*»

Por todo ello, se considera que la sensatez es uno de los mejores valores que puede tener una persona tanto para su propio desarrollo como para su relación con los demás y su papel en la sociedad. Así, se considera que es una herramienta fundamental para poder tratar con educación a otros individuos.

Hay etapas en las que el ser humano puede ser más insensato. Por ejemplo, cuando estamos aprendiendo algo y que desconocemos de forma total las cosas. Nos llenamos la cabeza de percepciones y nos conducimos imprudentes e imparciales.

Es importante aclarar que el talento no siempre está vinculado a la sensatez. Una persona puede tener mucho talento en una área y sin embargo no tener sensatez o sentido común.

Del 1 al 10 ¿Qué tan sensato eres?

1 2 3 4 5 6 7 8 9 10

10.- La Humildad

La **humildad** es la **virtud** que consiste en conocer las propias limitaciones y debilidades y actuar de acuerdo a tal conocimiento.

Podría decirse que la humildad es la ausencia de la **soberbia**. En este modelo de negocios creo que todos de cierta forma padecemos de este lagarto. El ser sabelotodo atranca nuestro mejoramiento. Ser humilde es una característica propia de los individuos modestos, que no se sienten más importantes o mejores que los demás, independientemente que tan grande sean sus aptitudes o sus logros.

La Humildad es la ausencia de la soberbia.

Ante la necesidad de mostrar los propios logros surge **un juicio por parte de su entorno**, y no todo el mundo **está preparado para enfrentar los logros ajenos**.

Si observamos tiene mucho más posibilidades de ser ampliamente aceptado un artista mediocre noble que un talentoso orgulloso y soberbio. Más aún si finge sentirse un ídolo cerca de su público.

Por lo tanto tus logros son para tu mejoramiento y no para hacerlos públicos a nadie pues eso puede causar envidias. Si vas a compartir tus conocimientos hazlo en secreto que eventualmente las personas que construyas los darán a saber.

Del 1 al 10 ¿Qué tan humilde eres?

1 2 3 4 5 6 7 8 9 10

11.- El Autodominio

Autodominio es regularse a uno mismo en cuanto a un impulso o sentimiento. El autocontrol podría definirse como la capacidad consciente de regular los impulsos de manera voluntaria, con el objetivo de alcanzar un mayor equilibrio personal y relacional. Una persona con autodominio puede manejar sus emociones y regular su comportamiento.

El autodominio es, por otra parte, una herramienta que permite, en momentos de crisis, **distinguir entre lo más importante (aquello que perdurará) y lo que no es tan relevante (lo pasajero).**

Cuando se tiene autocontrol, se encuentra en mejores condiciones para enfrentar las dificultades. Por otra parte, el autocontrol necesita del **diálogo sereno**, para evitar que la confrontación derive en situaciones de violencia emocional o hasta física. La **paciencia** resulta una virtud clave a la hora de autocontrolarse.

> El Autocontrol podría definirse como la capacidad consciente de regular los impulsos de manera voluntaria.

Los individuos que aceptan sus fallas o equivocaciones, elevan su equilibrio interior y los prepara para aceptar las debilidades y errores de los demás.

Cabe destacar que el principal enemigo del autocontrol son las **ideas irracionales**, que ocasionan una falta de autovaloración, inseguridad, dependencia de lo que se dice o se hace y la necesidad de aprobación, por ejemplo. Estas ideas incluso pueden ocasionar **depresión**.

Es necesario subrayar además que esas situaciones pueden generarnos estrés y que consiguen hacernos perder los nervios nos orilla a dejarnos guiar por nuestros impulsos y que nos alteremos más de lo que quizás no es necesario.

Del 1 al 10 ¿Qué tanto autodominio tienes?

1 2 3 4 5 6 7 8 9 10

12.- La Puntualidad
En una parroquia del pueblo de Armatlan al Padre Pascual le estaban haciendo su cena de despedida por sus 25 años de trabajo pastoral ininterrumpidos.

Un político de la localidad y miembro de la comunidad fue invitado para la presentación del regalo y un breve discurso.

El político se tardó en llegar, por lo que el sacerdote, para llenar el tiempo decidió dar unas palabras él mismo.

«Mi primera impresión de la parroquia la tuve con la primera confesión que me tocó escuchar en este pueblo.

»Pensé que me había enviado el Obispo a un lugar terrible, ya que la primera persona que se confesó me dijo que se había robado un televisor, que les había robado dinero a sus papás, había robado también en la empresa donde trabajaba. Y que también en ocasiones se dedicaba al tráfico y a la venta de drogas. Y para finalizar, confesó que le era infiel a su propia esposa.

»Me quedé asombrado, estupefacto, asustadísimo.

»Pero conforme fueron transcurriendo los días fui conociendo a más gente que no era para nada semejante a este hombre.

»Es más, viví la realidad de una parroquia llena de gente responsable, con valores, comprometida con su fe, y así he vivido los 25 años más maravillosos de mi sacerdocio.»

Justamente en este momento llegó el político, por lo que se le dio la palabra para la presentación del regalo de la comunidad.

Por supuesto que ofreció disculpas por llegar tarde y empezó a hablar diciendo:

«Nunca se me va a olvidar el primer día que llegó el Padre a nuestra parroquia... de hecho, tuve el honor de ser el primero que se confesó con él.»

¡Nunca llegues tarde! La puntualidad es el arte de no hacerles perder el tiempo a los demás. La puntualidad no es problema del reloj, sino de educación y respeto.

La puntualidad es un modo de ser fundamental para el individuo. El valor de la puntualidad radica en la disciplina de estar a tiempo para cumplir nuestras obligaciones: una cita del trabajo, una reunión de amigos, un compromiso de la oficina, un trabajo pendiente por entregar etc.

El eje motor

El valor de la puntualidad es necesario para dotar a nuestra personalidad de carácter, orden y eficacia, pues al vivir este valor en plenitud estamos en condiciones de realizar más actividades, desempeñar mejor nuestro trabajo, ser merecedores de confianza.

La falta de puntualidad habla por sí misma. De ahí se deduce con facilidad la **escasa o nula organización de nuestro tiempo**, de planeación en nuestras actividades, y por supuesto de una agenda, pero, ¿qué hay detrás de todo esto?

En este mismo sentido podríamos añadir la importancia que tiene para nosotros un evento. Si tenemos una entrevista para solicitar empleo, la reunión para cerrar un negocio o la cita con el director del centro de estudios, hacemos hasta lo imposible para estar a tiempo. Pero si es el amigo de siempre, la reunión donde estarán personas que no frecuentamos y conocemos poco, o la persona—según nosotros—representa poca importancia, hacemos lo posible por no estar a tiempo, ¿qué más da?

Para ser puntual primeramente debemos ser conscientes que toda persona, evento, reunión, actividad o cita tiene un grado particular de importancia.

Nuestra **palabra** debería ser el **sinónimo de garantía** para contar con nuestra presencia en el momento preciso y necesario.

Otro factor que obstaculiza la vivencia de este valor es el descuido. Cuando observo a una persona impuntual estoy observando a una persona descuidada. Probablemente si voy a su casa voy a observar una casa desordenada y que todo lo dejan para después. A pesar que la impuntualidad se da en nuestro interior es muy visible.

Pensemos como se da la impuntualidad. Por lo regular sabemos a qué hora debemos llegar y sin embargo nos dejamos llevar por la imaginación y nos recreamos en el consciente. De repente pasa el tiempo y ya es tarde para remediar el descuido. Eso es negligencia señoras y señores.

Un aspecto importante de la puntualidad es **concentrarse en la actividad que estamos por realizar**, procurando mantener nuestra atención para no divagar y aprovechar mejor el tiempo.

Para corregir esto, es de gran utilidad **reprogramar la neurona, aceptando el factor importante que juega este elemento en nuestras vidas.**

Para la persona impuntual, los pretextos y justificaciones están agotados, nadie cree en ellos, y son sujetos de toda credibilidad por su falta de responsabilidad, constancia y sinceridad.

Lo más grave de todo esto, es que hay personas que sienten «distinguirse» por su impuntualidad. **Llegar tarde es una forma de llamar la atención**. Por otra parte algunos lo han dicho: «Si quieren, que me esperen», «Para qué llegar a tiempo, si...», «No pasa nada...», «Es lo mismo siempre». Estas y otras actitudes son el reflejo del poco respeto, ya no digamos aprecio, que sentimos por las personas, su tiempo y sus actividades.

Para la **persona impuntual los pretextos y justificaciones están agotados**, nadie cree en ellos, y son sujetos de toda credibilidad por su falta de responsabilidad, constancia y sinceridad.

En otras palabras un engrane impuntual es un engrane defectuoso que necesita ser reparado o reemplazado pues atranca el avance del ensamble social.

Podemos pensar que el hacerse de una agenda y solicitar ayuda, basta para corregir nuestra situación y por supuesto que nos facilita un poco la vida, pero además de encontrar las causas que provocan nuestra impuntualidad; los ya mencionados: interés, importancia, distracción.

Se necesita voluntad para ser puntual, lo cual supone un esfuerzo extra—sacrificio si se quiere llamar—de otra manera poco a poco nos alejamos del objetivo.

La cuestión no es decir, «Quiero ser puntual desde mañana», lo cual sería retrasar una vez más algo. Es hoy, en este momento y poniendo los medios que hagan falta para lograrlo: agenda, recordatorios, alarmas... etc.

Para crecer y hacer más firme este valor en tu vida, puedes iniciar con estas sugerencias:

1) Examínate y descubre las causas de tu impuntualidad: **pereza, desorden, irresponsabilidad, olvido, etc.**

2) Establece un medio adecuado para **solucionar la causa principal de tu problema** (recordando que se necesita voluntad y sacrificio): **reducir distracciones y descansos a lo largo del día**; **levantarse más temprano** para terminar tu arreglo personal con oportunidad; **colocar el despertador más lejos.**

3) Aunque sea algo tedioso, elabora por escrito tu **horario** y **plan de actividades** del día siguiente. Si tienes muchas cosas que atender y te sirve poco, hazlo para los siguientes siete días. En lo sucesivo será más fácil incluir otros eventos y podrás calcular mejor tus posibilidades de cumplir con todo. Recuerda que con **voluntad** y **sacrificio**, lograrás ser puntual.

La puntualidad te añade respeto, te añade valor. Contribuyes al funcionamiento de cualquier tarea. La puntualidad es de esas cualidades que forman tu honorabilidad.

Del 1 al 10 ¿Qué tan puntual eres?

1 2 3 4 5 6 7 8 9 10

13.- La Responsabilidad
Ser responsable es añadirte valor. La **responsabilidad** es un **valor** que está en la consciencia de la persona, que le permite reflexionar, administrar, orientar y valorar las consecuencias de sus actos, siempre en el plano de lo moral.

La persona responsable es aquella que actúa **conscientemente** siendo él la causa directa o indirecta de un hecho ocurrido. Está obligado a responder por sus acciones. El es quien cumple con sus obligaciones o que pone cuidado y atención en lo que hace o decide compartir en un conjunto común de **principios** con otros.

Del 1 al 10 ¿Qué tan responsable eres?

1 2 3 4 5 6 7 8 9 10

14.- El Respeto

En un bosque un señor tenía un viejo perro cazador, que en sus días de juventud y fortaleza jamás se rindió ante ningún animal foreste. El viejo perro cazador en sus ancianos días encontró un jabalí en una cacería, y lo agarró por la oreja, pero no pudo retenerlo por la debilidad de su cuerpo y de sus dientes, de modo que el jabalí se escapó.

Su amo, llegando rápidamente, se mostró muy disgustado, y groseramente reprendió al perro.

El perro lo miró lastimosamente y le dijo:

—Mi amo, mi espíritu está tan bueno como siempre, pero no puedo reconstruir mi vejez ni mucho menos mis fuerzas. Yo prefiero que me alabes por lo que he sido, y no que me maltrates por lo que ahora soy.

El **respeto** es la consideración que se tiene a algo o a alguien. El respeto es un valor por sí. El término se refiere a cuestiones morales y éticas.

El respeto en las relaciones interpersonales comienza en el individuo, en el reconocimiento del mismo como entidad única que necesita que se comprenda al otro. Consiste en saber valorar los intereses y necesidades de otro individuo.

El respeto es un valor que permite que el hombre pueda reconocer, aceptar, apreciar y valorar las cualidades del prójimo y sus derechos. Es decir, el respeto es el reconocimiento del valor propio y de los derechos de los individuos y de la sociedad.

El respeto no sólo se manifiesta hacia la actuación de las

personas o hacia las leyes. También se expresa hacia la **autoridad**, como sucede con los alumnos y sus maestros o los hijos y sus padres.

El respeto permite que la sociedad viva en paz, en una sana convivencia en base a normas e instituciones. Implica reconocer en sí y en los demás los derechos y las obligaciones, por eso suele sintetizarse en la frase, «*No hagas a los demás lo que no quieres que te hagan a ti*».

El respeto permite que la sociedad viva en paz, en una sana convivencia en base a normas e instituciones.

Por el contrario, la **falta de respeto** genera violencia y enfrentamientos. Cuando dicha falta corresponde a la violación de una norma o de una ley, incluso es castigada a nivel formal. Este castigo puede ser una multa económica o hasta el encarcelamiento.

Muchas y de diversa gravedad, son las faltas de respeto que existen en el marco de nuestra sociedad actual. Así, por ejemplo, están las que se cometen en el seno del ámbito laboral como cuando el jefe no trata a sus trabajadores como seres humanos sino como esclavos. No obstante, también tienen lugar dentro de la familia cuando los hijos les gritan a sus padres.

La mala educación, la falta de tolerancia con respecto a las ideas o formas de vida del prójimo, la ausencia de valores, la soberbia y el egocentrismo son algunos de los elementos que más frecuentemente originan esas faltas de

El eje motor

> ¡Vale más tener el respeto de los demás que su admiración!

respeto. Las cuales son cada vez más frecuentes en ámbitos como, por ejemplo, la educación donde ha aumentado el número de alumnos que se enfrentan e insultan a sus profesores.

Recuerda que lo que respetas lo acercas a ti. Lo que criticas lo alejas de ti.

¡Honor a quien honor merece!

¡Vale más tener el respeto de los demás que su admiración!

¡El respeto al derecho ajeno es la paz!

¡El respeto es un valor que no se hereda, se adquiere!

Del 1 al 10 ¿Qué tan respetuoso eres?

1 2 3 4 5 6 7 8 9 10

Evaluación:

Total de Puntos # _____

126 - 140 = Tu **modo de ser** es **excelente**

114 - 125 = Tu **modo de ser** está por **encima del promedio**

99 - 113 = Tu **modo de ser** está en **promedio**

1 - 90 = Necesitas ayuda

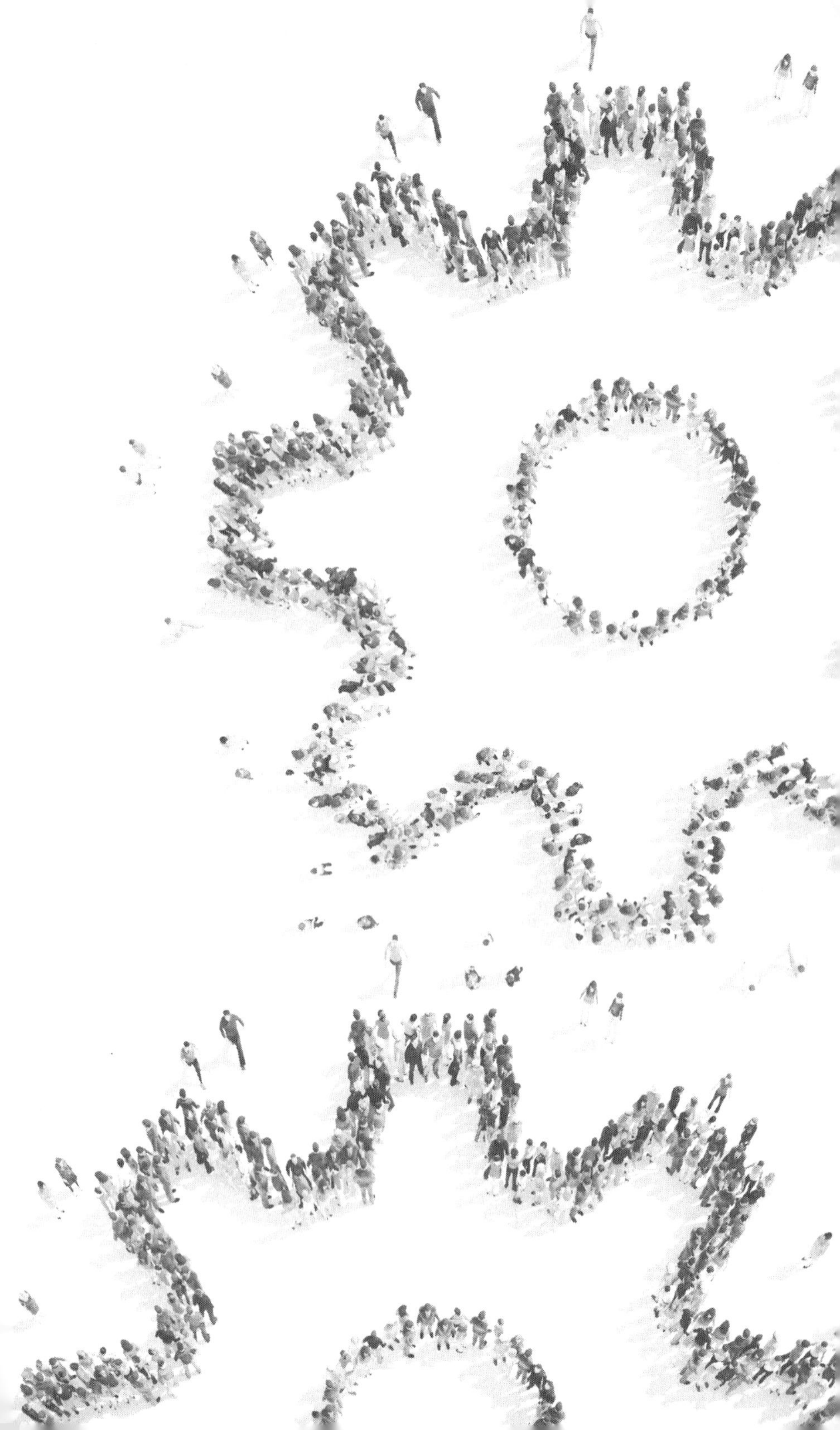

Capítulo 4

⚙ Quehacer

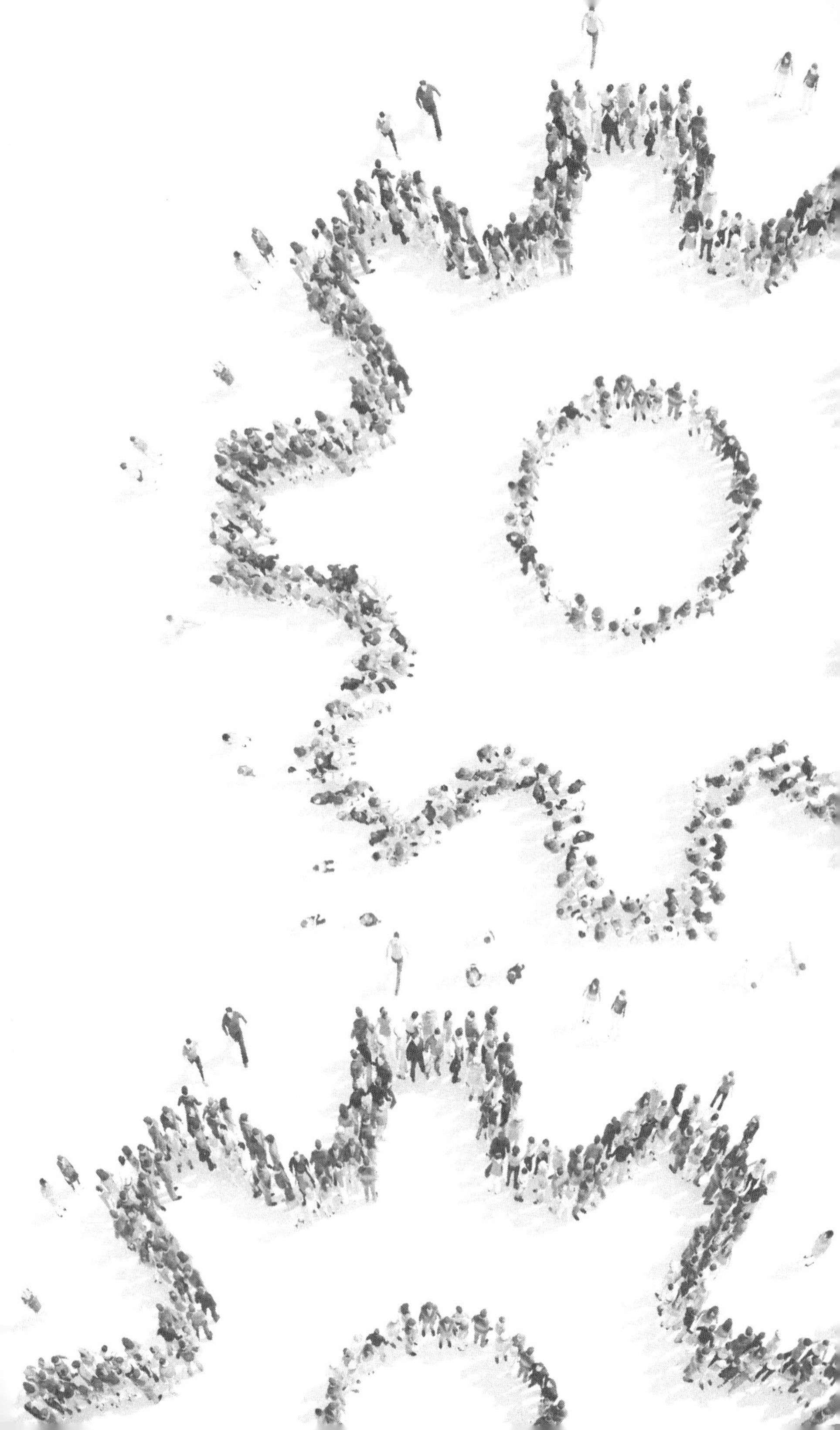

CAPÍTULO 4 QUEHACER

El que no trabaje en su SER, va a tener fracasos en el HACER. El Hacer refleja su SER.

Quehacer es simplemente la habilidad y el modo de llevar a la práctica las cosas que se tienen que hacer. Por este razonamiento digamos que según el modelo y elegancia de poner en práctica las cosas que se tienen que hacer, de ese mismo modo serás observado, percibido y duplicado.

Por lo tanto el individuo tiene que ser cuidadoso para que sus acciones provoquen deseo de duplicación. Pues al ser imitado o duplicado por los demás pronto se sabrá si es capaz de producir resultados.

El Hacer refleja tu SER.

En mis comienzos fue difícil, pues las personas que nos asociaron no tenían noción de lo fundamental que es modelar las cosas antes que se le pida a alguien que haga algo.

Recuerdo que al tercer día de asociarnos Alicia mostró el plan de negocio sin previo entrenamiento. A la semana de haber comenzado agendé una reunión para presentar la información. Le pedí a mi auspiciador que me acompañara para yo poder ver su presentación.

Al llegar al lugar y al poner la pizarra mi auspiciador me dijo que él sólo había venido conmigo para acompañarme y que yo debería dar la información. Sin un esquema que seguir y sin ningún entrenamiento previo, di la presentación y hasta el día de hoy recuerdo que no logre ni siquiera obtener la atención de las personas.

Por ocho meses di presentaciones sin tener resultados. Escuchaba audios, iba a eventos y aún no podía asociar a nadie. Hubo momentos que me pregunté, ¿Cómo es que estoy haciendo las cosas? ¿Cómo es que debo de mejorar?

Me di a la tarea de observar y analizar cómo es que se daban las presentaciones. Empecé a formular un orden en mi presentación: rutina diaria, plan de negocios, sueños, cierre. Los mejores cuentos y chistes empecé a copiarlos para relajar e inspirar a los prospectos. Empezamos a asociar personas y ellos tuvieron los mismos retos que yo. Muchos desistieron. Asociábamos a un número de familias y al primer o segundo mes abandonaban el proyecto. Era muy frustrante ver gente renunciar. Pero aun así no entendía por qué desistían.

Después de un tiempo nos dimos cuenta que las personas antes de hacer algo primero lo deben de aprender. Entonces creamos un concepto de escuelitas, lo cual cosiste de reunirse en la casa de los nuevos socios y empezar un proceso de entrenamiento en relación a todo lo que hay que hacer para tener los resultados. Sabíamos que teníamos que modelar el proceso de asociación antes de que los socios practicaran.

Capítulo 4 QUEHACER

Después de un par de capacitaciones nos dimos cuenta que las personas necesitaban no sólo ser entrenadas sino que también necesitaban ser fortalecidas mentalmente antes de exponerlas a practicar. Nos dimos a la tarea de ayudar a elevarles la convicción de que ellos podían ser personas exitosas. También había que quitarles las excusas y levantarles el autoestima.

Ningún individuo puede tener éxito sin antes primero creerlo. Por lo tanto trabajar en el SER del individuo es fundamental. El SER afecta el HACER. Es decir, tus conocimientos internos y tu forma de sentirte en relación a este modelo de negocio tienen un impacto directo a la hora de ejecutar. Por lo tanto, *el que no trabaje en su SER está predestinado a tener fracasos en el HACER.*

> **El que no trabaje en su SER, está predestinado a tener fracasos en el HACER.**

Si es tan cierto que ningún individuo puede tener resultados sin trabajar en su SER, de igual forma ningún individuo puede tener resultados sin trabajar en el HACER. No hay éxito sin la calidad de ejecutar lo que se tiene que hacer.

De nada sirve qué tanto sepas, qué tan honesto, integro, paciente o responsable seas si no eres capaz de HACER. Pues no pasa nada. Todo lo sabes pero no haces nada. Es fundamental aceptar que no importa quien seas o que tanto sepas nunca vas a dejar de mejorar. Todo lo que hay por hacer primero lo tienes que aprender. El individuo aprende a través de lo que ve y escucha.

El eje motor

Después de ver y escuchar, el ser humano tiene la capacidad de imaginarse las cosas y al imaginarse lo que vio y escuchó lo va a hacer. Por lo tanto para evaluar la efectividad y monitorear el crecimiento de un individuo en esta área del **QUEHACER** es necesario que los que están emprendiendo este modelo de negocio sepan conscientemente las áreas en las que deben cultivarse para poder hacer las cosas con efectividad.

Según mi experiencia, los QUEHACERES que hay que desarrollar y monitorear para ser efectivo son los siguientes:

1.- **Aceptar la responsabilidad**
2.- **Ética de trabajo**
3.- **Disponibilidad**
4.- **Tenacidad**
5.- **Persistencia**
6.- **Soñar**
7.- **Compromiso**
8.- **Ejecución (Lista, Contacto, Plan, Seguimiento)**
9.- **Planificar**

1.- Aceptar la responsabilidad
Responsabilidad es la habilidad de responder a tus obligaciones, es decir, si quedaste de hacer algo hazlo sin dar excusas. Si eres una persona que acaba de iniciar este proyecto de negocio hay que tener la responsabilidad de fortalecer la mente. Si te prestan audios, escúchalos. Si te prestan libros, hay que leerlos.

Si quedaste de hacer algo, hazlo sin dar excusas.

Uno debe de aceptar en qué nivel de liderazgo

Capítulo 4 QUEHACER

está y tomar la responsabilidad de moverse al siguiente nivel. Si estás en el Nivel 1, es decir, si apenas estás aprendiendo las cosas básicas de este negocio, empéñate en aprender como si tuvieras una deuda a pagar. Haz del aprendizaje tu prioridad.

Practica como sacar una lista, contactar, dar el plan y hacer seguimientos. Fortalece tu mente a través de audios, libros y eventos. Eleva tu convicción y quítate las excusas. Asiste a las escuelitas y se moldeable.

Si estás en el Nivel 2, si ya sabes las cosas básicas de este negocio, y ya asociastes a una persona, ten la responsabilidad de bajar diez niveles en profundidad mientras esa persona aprende. Entrena al nuevo. Modela las cosas que el nuevo está por aprender. Lee para que aprendas a inspirar a otros a luchar por sus sueños.

La persona responsable es aquella que actúa consciente siendo él la causa directa o indirecta de lo que aprenda o haga.

Acepta como un adeudo, un débito, un saldo por pagar o un encargo, tu responsabilidad; que por ninguna circunstancia te des el lujo de dejar para mañana lo que tienes que hacer hoy, ya sea en relación a tu crecimiento personal o andar en las trincheras.

Como individuos hay que exigirse. Pregúntate cómo andas en la lectura: ¿eres incumplido?, ¿inmaduro?, ¿perezoso? Al autoanalizarte tienes el conocimiento real para autocalificarte y desde luego a orientarte cuanto tienes que crecer.

La persona responsable es aquella que actúa consciente siendo él la causa directa o indirecta de lo que aprenda o haga. Está obligado a responder por sus acciones, cumplir con sus obligaciones y poner cuidado y atención en como hace o decide las cosas.

Del 1 al 10 ¿Qué tanto aceptas tu responsabilidad?

1 2 3 4 5 6 7 8 9 10

2.- Ética de trabajo

Tener **ética de trabajo** es tener cierto nivel de acción humana. Tú decides que tan duro y con qué calidad haces las cosas. El que tiene buena ética de trabajo, ejecuta con valor, es animoso, esforzado, templado, alegre, lanzado, impávido, decidido y determinado.

Tener ética de trabajo es tener **aliento** o vigor en la ejecución de una acción. Por ejemplo: *«Se necesita un individuo con buena ética de trabajo para modelar el currículum de Equipovisión».*

La ética de trabajo está asociada al valor que le das a las cosas que haces y con qué ganas lo haces. Cuando una persona tiene buena ética de trabajo, logra vencer sus temores o dudas y actúa con decisión y firmeza.

La buena ética se demuestra en los grandes actos pero también en las pequeñas acciones cotidianas, como ejemplo, desde asociar una persona y empezar a entrenarla, hasta liderear una organización. Para hablar con la verdad se requiere tener buena ética.

Es posible entender la ética de trabajo como una acción esforzada y voluntaria. El que tiene buena ética de trabajo saca fuerzas de donde la gente común no tiene y termina haciendo cosas que otros no están dispuestos a hacer.

En concreto, muchos son los ejemplos de líderes de Equipovisión que por su ética de trabajo han realizado acontecimientos históricos y que han contribuido para que la organización tenga un crecimiento exponencial. Concretamente entre los más significativos se encuentran aquellos que creyeron cuando apenas éramos un grupo pequeño.

Gracias a la valentía y la fe de algunos hacedores, gozamos de sus testimonios y experiencias que se han convertido en las herramientas que hoy en día usamos para levantar el negocio. De igual manera, gracias al ingenio y los principios de los líderes, Equipovisión ocupa un lugar muy deseado en la industria de la venta directa.

La ética de trabajo en Equipovisión, condena una serie de cosas, por mencionar unos ejemplos:

1) Que un líder se involucre con la esposa de alguien más.

2) Que se pida dinero prestado a sus socios descendentes.

3) Cambiar personas de nombre para auspiciarlas o cambiar de línea es sumamente inaceptable.

4) En Equipovisión, señalamos vigorosamente no realizar eventos clandestinos... etc. Proteger los principios e

ideales de la comunidad que representas te hace ser una persona ética.

> **Lo contrario a la ética de trabajo es la flojera.**

Puede decirse que la ética de trabajo es una virtud del ser humano para llevar adelante una iniciativa a pesar de las dificultades y los impedimentos. Estas trabas generan miedos que son superados gracias a la ética y las ganas de hacer las cosas bien.

Lo contrario a la ética de trabajo es la flojera. El flojo, por lo tanto, no tiene valor o ánimo para ejecutar las tareas y superar las dificultades. «*Siempre he pensado que hay personas con un alto nivel de ética en Equipovisión, pero la conducta de algunos líderes flojos me demuestra que también hay lagartos grandes y cobardes en esta comunidad.*»

Del 1 al 10 ¿Qué tan grande es tu ética de trabajo?

1 2 3 4 5 6 7 8 9 10

3.- Disponibilidad

Disponibilidad es estar dispuesto con ánimo positivo para ser parte de algo o llevar algo a cabo. Dentro de nuestro modelo de negocio es muy frecuente que cuando alguien se asocia o va comenzando se hacen mucho del rogar. Se les tiene que hasta suplicar que escuchen audios o asistan a eventos para que comiencen un proceso de crecimiento.

Capítulo 4 QUEHACER

Cuando a una persona se le insiste mucho puede ser cansado pues se convierten en carga y empiezan a desesperar. Un ejemplo muy claro son los nuevos socios que no han elevado el compromiso de aprender las cosas básicas de este negocio. Provocan una demora y atrancan el crecimiento.

En cierto contexto el no estar disponible para aprender las cosas básicas es considerado como una acción de menosprecio y de no valorar el tiempo de otras personas.

Así que, Socio Nuevo, sé agradecido, sacúdate la flojera y ten la disponibilidad de aprender de quien esté dispuesto a enseñarte.

Tenemos por otro lado, a los socios que ya no son tan nuevos. Aquellos que ya saben las cosas básicas para desarrollar su negocio. Estos muchas veces han asociado a personas en sus anchuras y les da flojera modelar las cosas. No tienen el ánimo de poner el ejemplo y bajar cinco niveles en profundidad.

Así que, Socio Nuevo, sé agradecido, sacúdate la flojera y ten la disponibilidad de aprender de quien esté dispuesto a enseñarte.

En muchos de los casos el no estar dispuesto a hacer algo es porque se comparan y deciden que no van a trabajar más que otros. Es importante darse cuenta que cuando ya sabes hacer algo y entre más lo hagas más resultados tienes. Es decir, si inviertes tu tiempo obtienes algo a cambio. Si gastas tu tiempo no obtienes nada a cambio.

El eje motor

La disponibilidad de un líder, de hacer lo que otros no están dispuestos a hacer, es la herramienta principal que este tiene y ofrece como ejemplo a modelar por los demás. Se podría decir, que la disponibilidad es el principio básico que distingue y decora a un individuo frente a los demás porque se sabe que se cuenta con él.

José Martí, (dirigiéndose a sus compañeros en su lucha por la independencia de su patria, quienes se quejaban de la actitud indecorosa y falta de disponibilidad de algunos de sus integrantes) en una de sus cartas les decía: «No desmayéis por las malas actitudes de otros, porque siempre habrá muchos hombres sin decoro, pero siempre UNO con el decoro de todos».

Debo de mencionar que en Equipovisión tenemos a Ricardo y Claudia Zermeño que personifican la **disponibilidad**. Son un buen ejemplo y lo garantizan con su buena conducta, sus normas morales, su proceder y sus comportamientos al trabajar con sus socios y el despliegue que tienen con sus equipos me permite condecorar y distinguirlos como ejemplo de Disponibilidad.

Con esta virtud, Ricardo y Claudia, inspiran confianza para garantizar la ayuda y el apoyo para sus asociados. Equipovisión sabe que cuenta con ellos para continuar llevando este mensaje de prosperidad. Gracias Ricardo y Claudia por su disponibilidad y por su disposición.

Del 1 al 10 ¿Qué tanta disponibilidad tienes?

1 2 3 4 5 6 7 8 9 10

4.- Tenacidad

La tenacidad tiene la cualidad de elasticidad. La elasticidad es resistente y se opone a romperse. El individuo tenaz, al incorporarse a esta oportunidad de negocio, es firme en su decisión. Tiene la facultad de estirarse. Pues aún después de su empleo o su vida cotidiana tiene la voluntad de esforzarse a aprender cosas nuevas y desarrollar nuevas habilidades para mejorar su estilo de vida. No importa qué tan cansado llegue de su empleo, el nuevo socio se estira. Asiste a eventos, lee, escucha audios, y practica los pasos básicos que lo van a construir. La tenacidad te hace sentir el calor de tu esfuerzo; sudas la camisa sin quebrantarte.

La tenacidad absorbe la frustración y te da la energía para que resistas cuando te estiras. Pues hay ocasiones que como nuevo socio se reúnen en las escuelitas por la noche para practicar los pasos básicos. Probablemente llegas a casa cansado pero determinado y con una flexibilidad de mantenerte en el camino. Porque cuando el camino se pone duro, los que son tenaces (capaz de estirarse) se mantienen en el camino.

> **Cuando el camino se pone duro, los que son tenaces (capaz de estirarse) se mantienen en el camino.**

Si ya tienes tiempo en el negocio y estás en el segundo nivel, El Hacer, tu tenacidad consiste en no empujar a nadie a que haga las cosas sino en jalarlos para conducirlos y ponerles el ejemplo. Es necesario ser flexible con tus socios y adaptarte a sus horarios mientras los construyes. La lectura es fundamental para que aprendas a construir a tu grupo.

EL EJE MOTOR

Tu tenacidad depende directamente de qué tan fortalecido y convencido estás de que eres capaz de construir una organización. Vas a ser sometido a prueba. Sólo recuerda que las cosas no siempre salen bien y mientras lo intentes una ves más y otra vez más, otra vez y otra vez, eventualmente vas a mejorar y tendrás los resultados.

Tu capacidad de soportar rechazos sin sufrir deterioros o rotura de tus sueños es lo que te hace distinguirte ante los demás. Por lo tanto, la tenacidad es una actitud caracterizada por la resistencia ante las adversidades. Una persona tenaz es insistente y se mantiene firme en su actitud, conducta o comportamiento hasta alcanzar su objetivo.

La tenacidad es actuar con pasión, confianza y flexibilidad. Una persona puede fracasar muchas veces pero, si está dispuesta a aprender de sus errores y a seguir intentando, es muy probable que alcance su meta.

Muchos consideran que la tenacidad es un **Valor** imprescindible para alcanzar el éxito en cualquier ámbito de la vida. En la expresión «Quien triunfa nunca abandona» se expresa la importancia de mantenerse en pie, intentando una y otra vez hasta hacer realidad

Si se pudiera medir la magnitud de perseverancia y de determinación que una persona destina a la persecución de sus metas antes de bajar los brazos, entonces el valor resultante sería su tenacidad.

CAPÍTULO 4 QUEHACER

los sueños. Al mismo tiempo, deja implícito que el verdadero fracaso reside en darse por vencido, en dejar de luchar.

Algunas personas asumen erróneamente que la tenacidad exige una serie de **virtudes** particulares, que no todos poseen. Por el contrario, una actitud tenaz demanda el uso del 100% de nuestras capacidades y energías para la realización de un objetivo. La tenacidad es **la capacidad de soportar los golpes de la vida antes de quebrantarnos**, de darnos por vencido.

Los fracasos y los desengaños típicos de la vida en este mundo nos dejan heridas, muchas veces imborrables, y depende de nosotros levantarnos y seguir avanzando para evitar que nos destruyan emocionalmente.

Si se pudiera medir la magnitud de perseverancia y de determinación que una persona destina a la persecución de sus metas antes de bajar los brazos, entonces el valor resultante sería su tenacidad.

Del 1 al 10 ¿Qué tanta tenacidad tienes?

1 2 3 4 5 6 7 8 9 10

5.- Persistencia
Persistencia es la **acción y efecto** de mantenerse constante en algo, durar por largo tiempo. La persistencia está considerada como un valor muy importante para alcanzar un objetivo o llegar a una meta. Los líderes de Equipovisión reconocen una serie de componentes para

El eje motor

tener los resultados como invertir el tiempo, la capacidad de planificación, el desarrollo de estrategias, la inteligencia intrapersonal, los conocimientos estratégicos etc., y también reconocen la persistencia como un elemento fundamental para triunfar.

> **La persistencia es la clave del éxito.**

Esta actitud y habilidad personal ayuda a suplir la carencia de otras habilidades. La persona persistente seguirá intentando pese a sus conocimientos y a los eventuales fracasos y podrá aprender de cada uno de ellos. La persistencia está vinculada a la superación de obstáculos, sin importar lo difícil que sean.

«Socio Nuevo y no tan Nuevo», como diría un precursor de Equipovisión «la persistencia es la clave del éxito.» Ramón y Rosy Hinojos persiguen esta idea y se mantienen en las trincheras con el lema «la persistencia es la clave del éxito». Están siempre detrás de cada uno de los socios de Equipovisión animándolos y provocándoles que «sí se puede».

Ramón y Rosy Hinojos son duraderos en mantenerse sembrando sueños y su trayectoria les hace ser un ejemplo a emular.

Del 1 al 10 ¿Qué tanta persistencia tienes?

1 2 3 4 5 6 7 8 9 10

6.- Soñar

La imaginación es más grande que el conocimiento. Escucha lo que el corazón te grita. Expónte a las posibilidades de las cosas. Usa tus sentidos para experimentar las posibilidades. Por ejemplo, llévate a ti mismo a tocar, a ver, a probar, a manejar y/o a sacarle fotos a lo que TÚ quieres.

El propósito del sueño es enfocarnos en lo que queremos en nuestras vidas y darle un sentido a nuestros esfuerzos.

Si vamos a correr una distancia hay que saber porqué la vamos a correr. Debemos saber con anticipación cual es la recompensa al final de haber recorrido esa distancia. La recompensa nos mantendrá enfocados.

> **El propósito del sueño es enfocarnos en lo que queremos en nuestras vidas y darle un sentido a nuestros esfuerzos.**

Quizás TÚ harás el negocio con el fin en mente de obtener alguna de las siguientes recompensas: pagar deudas, educación para tus hijos, ayudar a tus padres, etc.

Para un avance firme es necesario entender cómo se logran las metas. Sus sueños pueden ser sólo una fantasía, una ilusión si no están equipados de los siguientes elementos.

Mantenga un plan de cómo su sueño se llevará a cabo a base de metas a lograr de corto y largo plazo. Las metas lo

El eje motor

mantendrán dentro de la jugada. Recuerde una meta que no lo incita a la acción, no es una buena meta.

Háblete a sí mismo con palabras que te estimulen hacia adelante. Inyéctele vida a tu negocio, visualizándolo grande. ¡Pon el ojo en el blanco y a trabajar! ¡No podemos pegarle a algo que no podemos ver primero!

Del 1 al 10 ¿Qué tanto sueñas?

1 2 3 4 5 6 7 8 9 10

7.- Compromiso
El deseo pierde su valor si no le damos un sentido de urgencia. El comprometerse mostrará una fuerza con enfoque de forma continua. Maneja la decisión que tomaste de hacer este negocio diariamente. Llénate de emoción y pasión para que lo que quieres lograr te exija más de TI mismo. Enamórate no sólo de las posibilidades de obtener lo que tú quieres lograr sino que también estés dispuesto a pagar el precio.

El éxito no está ni va a estar en oferta, así que paga el monto total para obtener lo que TÚ

El propósito del compromiso es que se lleve a un estado mental y que adopte la actitud de hacer lo que se tenga que hacer, y se haga una promesa personal para consequir sus sueños en la vida.

CAPÍTULO 4 QUEHACER

quieres lograr. Nada que valga la pena se obtiene sin ningún esfuerzo. Aquí, nadie le va a exigir que ponga de su parte para crecer su negocio, pero los resultados que quiere lograr, sí se lo exigirán.

El propósito del compromiso es que se lleve a un estado mental y que adopte la actitud de hacer lo que se tenga que hacer, y se haga una promesa personal para conseguir sus sueños en la vida.

Hay cinco indicadores que mostrarán el nivel de compromiso que tienes con tu negocio:

1. **Escucha audio**
¿Cuántos CDs escuchas, diaria y semanalmente? ¿Cuántos vuelves a escuchar nuevamente? ¿Cuántos compartes con otros? Aprende de los expertos. El conocimiento y la experiencia llevan a la creencia; la creencia te llevará a poner la acción y la acción traerá los resultados.

2. **Lee libros**
¿Cuántos libros lees al mes? ¿Cuántos libros estás repasando? ¿Cuántos estás compartiendo con otros? El leer te ayudará a tener una mejor opinión de ti mismo. Aprenderás principios de éxito para aplicar en tu negocio. Además, obtendrás sabiduría útil que podrás practicar día con día.

3. **Asiste a eventos.**
Asiste a todos los eventos de tu organización. ¿A cuántos eventos asistes? ¿Cuánta gente llevas como invitados a los eventos? Fíjate metas regularmente con la persona que lo estás guiando. El participar en estos eventos, le permitirás asociarse con personal exitoso

El eje motor

en este ramo. Aprenderá de las personas que están activamente desarrollando el negocio. Esto le dará más confianza al poner en práctica las técnicas que aprende en el audio.

4. Usa los productos.
¿Consumes tus productos mes con mes? ¿A cuántas personas les ayudas mensualmente a formar su perfil para su consumo? Conviértete en tu mejor cliente; consume y comercializa tus productos. ¡Genera dinero inmediato! Para aprender formas de presentar el producto y técnicas de comercialización planifica asistir a entrenamientos de productos que tu equipo te recomiende.

5. Manténte en la jugada.
Mantén la actividad. ¿Qué cantidad de veces haz rotado el ciclo de Lista, Contacto, Plan y Seguimiento? ¿Lo haces semanal y mensualmente? Traza un plan de acción en papel y llévalo acabo. Asegúrate que estás dando un buen ejemplo para tu equipo. Rota el ciclo (Lista, Contacto, Plan y Seguimiento) por lo menos 15 veces al mes, lo cual equivale a 15 planes al mes. Sé un «Hacedor Clave».

Comienza a rotar el ciclo cuanto antes. Al estar capacitándote por medio del sistema, tus presentaciones mejorarán. ¡Comienza ya, vale la pena! Tú ayudarás a bastantes personas a mejorar sus vidas y como consecuencia la tuya también mejorará.

El éxito está directamente relacionado al compromiso que tú tengas con tu sueño. Es una decisión personal en cuanto al tiempo que estás dispuesto a dedicarle a tu negocio. Ten en mente que lo más importante es la consistencia. El peligro mayor al cual puedes exponer a tu negocio es la

Capítulo 4 QUEHACER

actividad inconsistente, y esporádica. Mantén la decisión de hacer las cosas. Para lograr esto es importante que te fijes metas:

El éxito se encuentra escondido detrás de tu rutina diaria.

Haz cosas de acuerdo a lo que deseas lograr o haz cosas que te alejan de lo que deseas.

Utiliza el programa de desarrollo en tu organización. Este puede acelerar tu desarrollo personal y profesional.

Del 1 al 10 ¿Qué tan grande es tu compromiso?

1 2 3 4 5 6 7 8 9 10

8.- Ejecución (Lista, Contacto, Plan, Seguimiento)
Ningún individuo puede tener éxito sin la habilidad de ejecutar lo que tiene que hacer. De nada sirve qué tanto sueñes, qué tan responsable seas, qué tanta disponibilidad tengas o persistas, qué tan honesto, integro, paciente o responsable seas. si no eres capaz de ejecutar.

Por lo tanto, para evaluar el crecimiento de tu negocio es necesario que sepas conscientemente las áreas en las que debes ejecutar para poder

De nada sirve qué tanto sueñes, que tan responsable seas, que tanta disponibilidad tengas o persistas, qué tan honesto, integro, paciente o responsable seas si no eres capaz de ejecutar.

hacer las cosas con efectividad. Por lo tanto, según mi experiencia, las áreas de ejecución que hay que realizar para ser efectivo son los siguientes:

1. **Escribe una Lista de Nombres**: familia, amigos, colegas y otros. Piensa en parientes, gente de la iglesia, empleo, o amigos de fiesta. Busca aquellos en los que tienes cierto nivel de influencia. Escribe nombres y otórgales prioridades.

La fuente más grande de personas son las extrañas que queremos que se conviertan en nuestros amigos. Identifica a aquellos que tienen un sueño y que están hambrientos y listos a luchar por sus sueños. Estos son tus mejores candidatos. Ellos tienen una ventaja sobre aquellos que se contentan con la vida tal cual es.

No prejuzgues a nadie. Dedica un buen tiempo escribiendo una lista de todas las personas que tú conoces, profesional o casualmente. Recuerda que la gente extraña son sólo amigos que no hemos conocido. Dé prioridad a los nombres de acuerdo al nivel de ambición de la persona; también ubica con quienes te identificas.

Recuerda que la mente almacena nombres por categorías. Considera no sólo aprender los nombres por la apariencia sino por el nivel de atención que te ponen al presentarles el Plan de Negocio.

El propósito de la Lista es ponerlos en la Lista y sacarlos de la Lista. Ve la lista de Prospectos para obtener más información acerca de cómo desarrollar tu Lista de Nombres.

Capítulo 4 QUEHACER

El ACTIVO de tu negocio son las personas. El INVENTARIO es la Lista de Nombres.

2. Contactar: ¿Cómo se contacta a un extraño? No se contacta; primero hazlo amigo. Perfecciona el arte de ser amigable, positivo y agradable. Haz el tiempo necesario para interesarte y envolverte en la vida de los demás. Hazlos sentirse importantes y a gusto sobre sí mismos, escuchándolos y haciendo buenos comentarios acerca de ellos.

Haz que las personas lo conozcan y confíen en ti. Recuerda, el tema de conversación favorito de cada persona es ella misma.

El propósito del contacto es primero conocer a alguien desconocido, hablar y llegar a conocerse un poco más (obtener información). El propósito del acercamiento es para despertar el interés (curiosidad) y poder mostrarles el Plan de Negocios.

a. **Entrevista** - Aprende a escuchar con atención y a ser un buen observador. Haz preguntas interesantes y escucha. Las personas te darán la oportunidad que tú necesitas para presentar el negocio.

b. **Relájate y confía en ti mismo** – Visualiza a la gente como que si ya están en el negocio o que quieren estar en el negocio.

c. **Frecuenta y cultiva** - Al frecuentar los mismos lugares (el mismo restaurante, el mercado, etc.). Haz el esfuerzo de conocer e interesarte en las personas. Los prospectos están en todas partes a tu alrededor.

d. **Utiliza el acercamiento apropiado** - Nunca engañes, exageres o trates de actuar como un comerciante, sino como un empresario.

e. **Es importante** presentar siempre una imagen profesional en todos los pasos para construir el negocio, en especial el contacto.

f. **Asegúrate de que el prospecto entienda** que se trata solamente de adquirir información. No ruegues o presiones a las personas para que vean el Plan de Negocios.

g. **El prospecto debe saber en todo momento** que se trata de un negocio. No te acerques a los demás de una manera caótica, enigmática o misteriosa.

h. **Al principio despierta** la curiosidad de las personas.

i. **Mientras menos tiempo pases hablando**, mejor serán los resultados.

j. **Trata de no discutir en el momento los detalles** del Plan de Compensación pues esto disminuye la curiosidad y el resultado es una decisión prematura.

3. **Muestra el plan de negocio:** Dale vida al tiempo muerto y empieza tu éxito. Nada sucede hasta que muestres el Plan de Negocio. Organizar y conducir reuniones es la mejor forma de que los prospectos de tu lista se expongan al Plan de Negocio.

Hay una variedad de formas de compartir el Negocio

con los demás, como entrevistas personales o uno a uno, reuniones en casas y reuniones abiertas (Open Meetings) que presentan el Plan de Negocios. El propósito de mostrar el Plan es que las personas sueñen, pues el negocio es el vehículo para lograr esos sueños.

Cuando muestres el plan enfócate en los siguientes puntos:

a. **Identifica el sueño.** Descubre qué es lo que quieren y pon esta oportunidad de negocios justo ahí junto al sueño.

b. **Tómate tiempo para conocerlos.** Identifícate con su estilo (personalidad) y háblales en una forma en que se identifiquen contigo.

c. **Comienza una lista de nombres por escrito.** Hazlos que comiencen a pensar a quiénes conocen y a poner los nombres por escrito.

d. **Agenda una reunión.** Haz el seguimiento para establecer su nivel de interés y hacer que comiencen.

e. **Mándalos a sus casas con material** desde la primera noche.

RECUERDA

¡Aquellos que muestran más planes... son los que más ganan!

4. **Seguimiento:** Ve a las personas de nuevo con el

propósito de iniciarlos en el negocio. El éxito en este negocio comienza con una relación personal. Si se va de un Plan de Negocios sin agendar otra cita, se está despidiendo de un posible Líder.

La sincronización del Seguimiento es muy importante para tener éxito. De todos los pasos que contribuyen a construir un negocio exitoso y productivo, el Seguimiento es sin duda el más importante y es utilizado en cada uno de los pasos del Patrón del Éxito.

Durante el Seguimiento trata de conocerlos un poco mejor. Indícales cuáles son los próximos pasos a seguir para comenzar; no asumes que ellos saben qué hacer. Recuerda que se trata más de mostrarles cómo conseguir lo que ellos quieren en lugar de cómo hacer las cosas.

El propósito del Seguimiento es lograr a activar al prospecto a que se conecte contigo y al equipo.

a. Permite que te conozcan, que se sientan a gusto y que confíen en ti, enfocándote en ellos.

b. Enfócate en su sueño. Re-enfócalos en su sueño y pon a este negocio junto a ese sueño.

c. Contesta las preguntas más frecuentes. Ofrece información para que puedan dar el siguiente paso y que comiencen.

Del 1 al 10 ¿Qué tan bien ejecutas?

1 2 3 4 5 6 7 8 9 10

Capítulo 4 QUEHACER

9.-Planificar: Elaborar estrategias para obtener aquello que se quiere lograr. ¿Alguna vez haz visto un arquitecto construir algo sin primero dibujar los planos? ¡Por supuesto que no!
Lo mismo se aplica para ti si quieres construir este negocio. Lo primero que tienes que hacer es planificar. Fíjate metas, pon la acción, evalúa tus resultados y haz ajustes necesarios. Recuerda que el planificar cómo llegar a niveles es muy parecido a querer construir una casa. Se necesita el plano (blue print).

A) Establecer estrategias y consultar con tu Guía.
Revisar el progreso. Fijarse metas, poner la acción, evaluar los resultados y hacer ajustes necesarios con tu guía es muy importante. Dé preferencia con el líder que está activo y creciendo en el negocio; es de vital importancia para su éxito.

B) Construir relaciones.
A nadie le importa cuánto sabes hasta que sabe cuánto le importas. El nuevo socio se preocupa por sus metas. Si es un guía, interésate en las metas del nuevo socio. Si tú eres un nuevo socio cuenta con tu guía para que te beneficies de cómo llegar a niveles. Tienes a alguien para que le pidas consejos y conteste tus preguntas.

C) Dibuja su grupo.

D) Desarrolla estrategias.
Cómo y dónde trabajar más efectivamente y cómo crear volumen de negocio para calificar.

1. Establece metas de cuánta gente va a asociar y dónde.

2. ¿Cuántas veces rompió exitosamente el ciclo de *Lista, Contacto, Plan y Seguimiento?*

3. Establece quien ya está en el segundo nivel de liderazgo (Hacer) para que saque anchura.

4. Habla acerca de quiénes son los nuevos IBO's que han registrado y planifica conectarlos al sistema.

E) Iguala tu actividad de esfuerzo y resultados con el Plan de Acción.

F) No seas líder camaleón: que a la hora de la acción cambia de color.

G) Afila tus hachas con el Sistema de Capacitación.

1. Escucha audios, lee libros, y asiste a eventos.

2. Establece metas de cuánta gente vas a conectar al sistema.

Del 1 al 10 ¿Qué tanto planificas?

1 2 3 4 5 6 7 8 9 10

CAPÍTULO 4 QUEHACER

Evaluación:

Total de Puntos # _____

81 - 90 = Tu **modo de hacer** es **excelente.**

72 - 80 = Tu **modo de hacer** está por **encima del promedio.**

63 - 71 = Tu **modo de hacer** está en **promedio.**

1 - 62 = Necesitas ayuda.

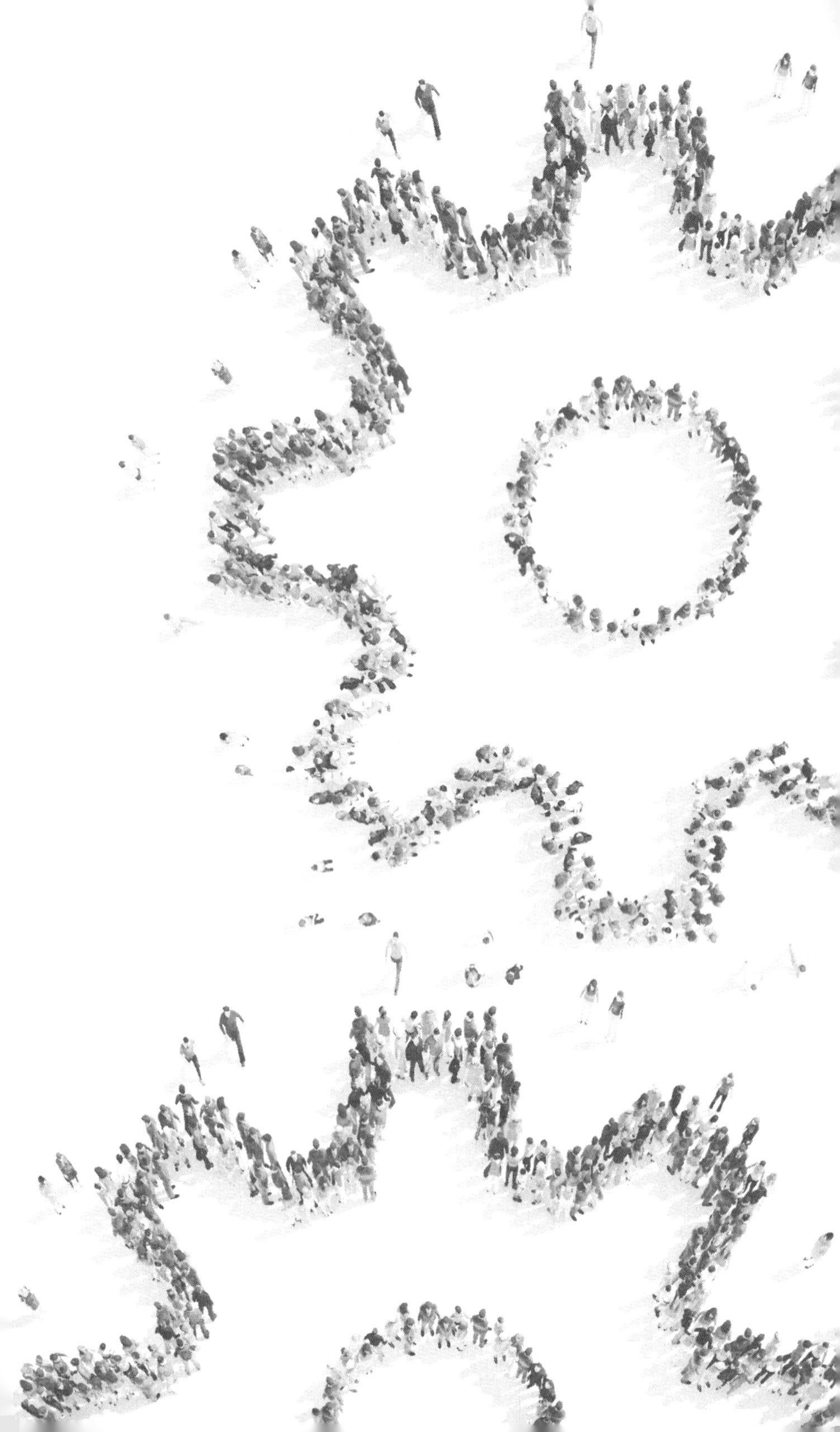

Capítulo 5

Relaciones

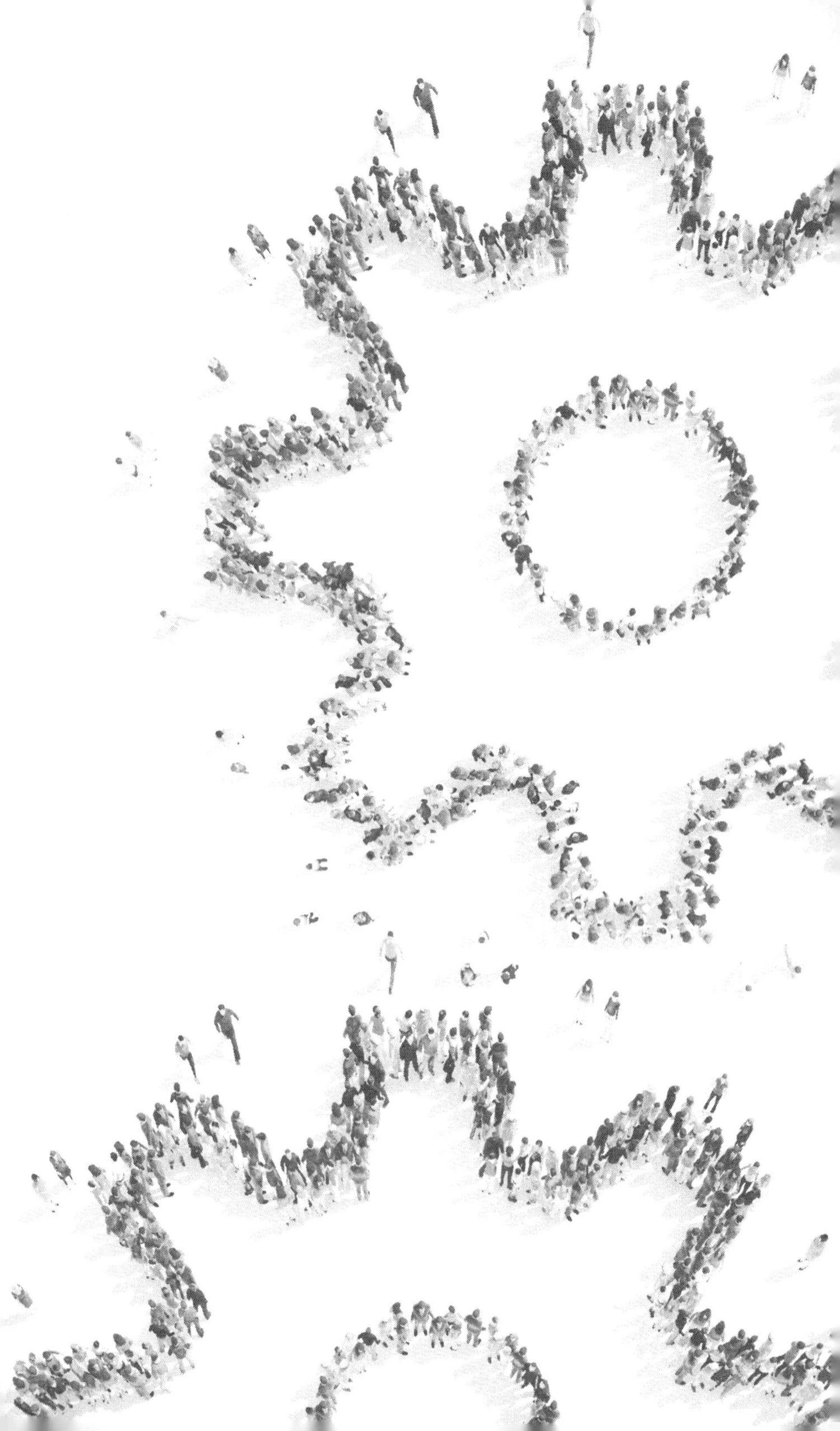

Capítulo 5 RELACIONES

John Maxwell dice que: «el liderazgo es influencia». Saber influir a los demás es saber cómo relacionarte y conectarte con ellos.

Las relaciones reflejan el vínculo que tienes con las personas—el nexo, la conexión, la familiaridad, lo que tú implicas para ellos. A las personas no les importa cuánto tú sabes hasta que ellos saben cuánto les importas. La gente quiere saber si hay sincronía entre lo que tú dices y haces. Tu Ser y tu Hacer están interconectados. Este es uno de los grandes desafíos de las relaciones ya que puedes decir mucho y hacer poco. Tu modo de SER se refleja en EL HACER. Y según de lo dicho a lo hecho hay mucho trecho, es de esta manera como te ganas la confianza de la gente y se construyen las relaciones.

> **A las personas no les importa cuánto tú sabes, hasta que ellos saben cuánto les importas.**

Nadie puede experimentar éxito solo. Relacionarse es conectarse con otra persona. Por relación se entiende la habilidad de llevarse bien con otros y formar amistades duraderas con la gente. Cuando uno se enlaza a través de una idea o proyecto la conexión facilita a trabajar juntos. Tener puntos en común y acoplándose en las formas de hacer las cosas es fundamental para una buena relación.

Al tener una actitud integradora, las relaciones, dentro de nuestro negocio se moldean. La persona que busca no sólo su beneficio sino también el beneficio de quienes lo rodean, tiende a elevar su nivel de compañerismo. De la misma manera el cultivar una estrecha comunicación entre los que te rodean te permite mejorar las relaciones.

En este modelo de negocios, el ser mentiroso, tener falta de integridad, mala actitud, ser flojo, impaciente, indisciplinado, insensato, prepotente, impuntual, e irrespetuoso afecta las relaciones. De igual manera no aceptar la responsabilidad, no tener buena ética de trabajo, no saber hacer las cosas afecta las relaciones con tu línea descendente.

Según la calidad y cantidad de relaciones que mantengas será la magnitud de tu liderazgo. Un individuo si no aspira a expandir sus relaciones no podrá lograr grandes cosas. Un equipo puede más que un individuo. Es fundamental que un individuo esté midiendo

En este modelo de negocios, el ser mentiroso, tener fata de integridad, mala actitud, ser flojo, impaciente, indisciplinado, insensato, prepotente, impuntual, e irrespetuoso, afecta las relaciones.

Capítulo 5 RELACIONES

continuamente las relaciones activas dentro de su grupo. Y a la vez cultivar nuevas relaciones según su meta. Pues es obvio que la diferencia de un Platino a un Esmeralda es la cantidad de relaciones activas.

Por lo tanto, para el líder resulta indispensable registrar un directorio de las personas relacionadas a su equipo con el propósito de elevar el toque personal. De tal forma se afinan esas relaciones elevando el afecto personal construyendo relaciones sanas, positivas, y duraderas.

Las buenas relaciones conducen a trabajar en equipo. Permite a varios individuos a realizar su parte con un objetivo común con entusiasmo y ánimo de ejecutar. Trabajar en equipo es una de las condiciones de trabajo de tipo psicológico que más influye en los individuos de forma positiva porque permite que haya compañerismo.

El buen compañerismo da muy buenos resultados, ya que normalmente genera entusiasmo y produce satisfacción en las tareas recomendadas. Las buenas relaciones también fomentan un ambiente de armonía. El compañerismo se logra cuando hay amistad. Por lo tanto, el líder tiene que empezar por medir su habilidad de llevarse bien con sus socios. Y para poder analizar el grado y calidad de sus relaciones es necesario que haga un acto de consciencia autopreguntándose y evaluando las siguientes preguntas:

Evaluación

1) **Indiscutiblemente no**
2) **Probablemente no**
3) **No estoy seguro**
4) **Probablemente sí**
5) **Seguro que sí**

El eje motor

A. ¿Dedico más tiempo a observar las cualidades positivas de las personas que a criticarlas en mi mente?

(1) (2) (3) (4) (5)

B. ¿Evito hablar de mis compañeros de manera despectiva a sus espaldas?

(1) (2) (3) (4) (5)

C. ¿Evito corregir los pequeños detalles de conducta que me molestan?

(1) (2) (3) (4) (5)

D. ¿Evito confrontar a los socios en público?

(1) (2) (3) (4) (5)

E. ¿Soy capaz de cumplir con las normas de conducta que yo les digo a los demás que deberían cumplir?

(1) (2) (3) (4) (5)

F. ¿Soy capaz de aceptar con actitud positiva las diferencias de opiniones?

(1) (2) (3) (4) (5)

G. ¿Evito poner apodos y burlarme de mis colegas?

(1) (2) (3) (4) (5)

H. ¿Evito presionar a mis compañeros para que se

Capítulo 5 RELACIONES

ajusten y se sometan a mis criterios y poder así aceptar más fácilmente su conducta y actitudes?

(1) (2) (3) (4) (5)

I. ¿Evito disgustarme cuando mis compañeros muestran gustos y aversiones diferentes a los míos?

(1) (2) (3) (4) (5)

J. ¿Evito sentir resentimiento si mi colega y yo tuvimos un desacuerdo?

(1) (2) (3) (4) (5)

K. ¿ Coopero y ayudo para que la gente logre sus metas?

(1) (2) (3) (4) (5)

L. ¿En los acuerdos no tomo ventaja de nadie?

(1) (2) (3) (4) (5)

M. ¿ En las charlas educo con argumentos verdaderos?

(1) (2) (3) (4) (5)

N. ¿ No convenzo con argumentos inventados o falsos?

(1) (2) (3) (4) (5)

El eje motor

O. ¿ Reconozco las aptitudes de otros?

(1) (2) (3) (4) (5)

Puntuación de la evaluación

68 - 75 = Tu consciente de relación es excelente.

60 - 67 = Estás por encima de la media en capacidad de relación.

52 - 59 = Tu capacidad de relación está en el promedio

1 - 51 = Necesitas ayuda para aprender a relacionarte.

Nos queda claro que el sabernos relacionar nos permite trabajar mejor en equipo. Esto resulta provechoso no sólo para una persona sino para todo el equipo involucrado. Nos traerá más satisfacción y nos hará más sociables, como también nos enseñará a respetar las ideas de los demás y ayudar a los compañeros si es que necesitan nuestra ayuda.

Un equipo siempre será más efectivo que un individuo.

Un equipo siempre será más efectivo que un individuo.
Es importante entender que todo individuo, como parte de un equipo, va a pasar por una serie de etapas mientras ajusta las relaciones.

Capítulo 5 RELACIONES

En concreto, estas etapas serían las siguientes:

1) **Formación:** En esta primera etapa es cuando se conforma el equipo y en ella se pueden producir situaciones tales como la ansiedad, la desconfianza e incluso también la dependencia. En el lado positivo, estarían factores tales como el optimismo y las ganas de comprometerse con los objetivos del equipo y, por lo tanto, de la propia empresa.

2) **Agitación:** En esta etapa es cuando los integrantes del equipo empiezan a trabajar como tal y eso puede desembocar en que surjan determinados conflictos entre ellos como criticarse uno a otro por verse los defectos y no las virtudes.

3) **Normalización:** Esta fase podríamos decir que es aquella en la que los miembros del grupo ya se sienten parte de un todo, colaboran y se ayudan, han resuelto los conflictos que había entre todos ellos y eso se traduce en una mayor comodidad y efectividad.

4) **Realización:** Aquí es donde la buena relación y la armonía reinan dentro del equipo y eso se traduce a un rendimiento apropiado, eficaz y efectivo para poder conseguir los objetivos propuestos.

El buen funcionamiento de un equipo de trabajo depende en gran parte de las buenas relaciones. Todos los individuos que forman parte del equipo deben de esforzarse para conectarse y alcanzar el **objetivo común**. La solidaridad, por lo tanto, es imprescindible dentro del grupo.

Esto supone que no hay lugar para el lucimiento

(exhibición) personal o para la competencia interna que atente contra el objetivo de la organización. El equipo de trabajo, sin embargo, debe saber reconocer los **méritos individuales** de cada individuo. De esta forma se reconocerá sanamente quien se destaque, ya que todos los hacedores querrán el reconocimiento que se entrega al buen rendimiento.

Pero no sólo eso. El individuo que esté al frente del equipo es importante que se mire el mismo como un miembro (engrane) del equipo mismo y que se acople y se vincule, al trabajo. Es fundamental, además, que sepa motivar a los miembros, que sepa dirigirles y que tenga los conocimientos sobre cómo mejorar las cualidades y habilidades de cada uno. De esta manera se convierte en un engrane y saca a flote lo mejor de cada uno de los participantes, y así los resultados y objetivos comunes se conseguirán de la mejor manera posible.

Las **relaciones personales** son la clave de un equipo de trabajo, aun más allá de la capacidad profesional. Un individuo puede aprender de sus compañeros y mejorar sus habilidades profesionales. En cambio, una persona que tiene mala relación con el resto del equipo sólo aportará problemas y atentará contra los fines comunes.

CAPÍTULO 6

Lo interior antecede lo exterior

El problema del hombre no es desarrollar sus habilidades, sino saber cómo desarrollarlas.

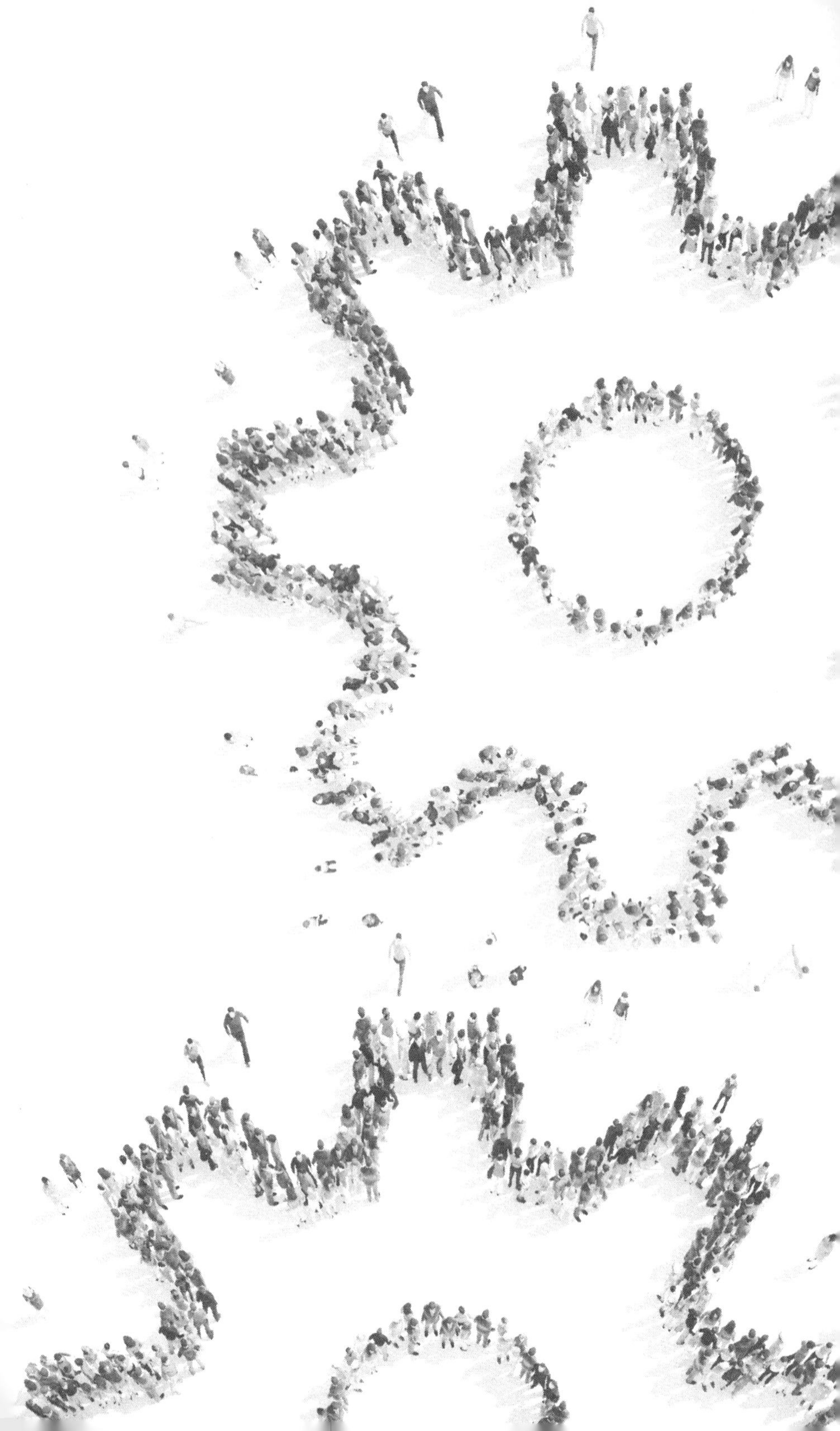

Capítulo 6 Lo interior antecede lo exterior

Modificar la mente es la virtud más poderosa del ser humano pues nos permite materializar nuestros sueños. Cuando se te vengan las dudas acerca de lo que quieres, recuerda que esas cosas que quieres las estas basando según lo que sabes y no en las habilidades que estás por desarrollar.

Lo que quieras en la vida básalo en lo que estás por aprender. Pues lo que sabes te tiene como estás ahora. Cierra tus ojos y ve lo que realmente deseas. Ahora di que tienes la capacidad de mejorar lo que sabes. Recuerda que mientras tengas orejas y ojos tienes herramientas para transformar tu mente y tu corazón.

Los individuos mejoran cuando abren la conciencia a nuevos conocimientos. Muchas personas fracasan porque creen que lo saben todo o creen que no saben nada. Cuando te pongas una meta va a ser necesario que haya un crecimiento interno. Cuando la persona está consciente del crecimiento que necesita, entonces busca ese conocimiento.

Stephen Covey dijo, «Las victorias internas anteceden a las externas,» nada que no nazca adentro nacerá afuera de ti. Para que en un edificio exista primero debió haber existido en una idea en la mente y en el corazón de algún

El eje motor

inversionista o constructor. Todo lo que crece en lo interior de seguro nacerá en el exterior.

En el mundo de la venta directa o mercadeo en red, el individuo es la piedra angular de la organización. Por eso es importante calcular la calidad de nuestro modo de ser, nuestro modo de hacer las cosas y nuestras relaciones. Estos tres aspectos de nuestra formación como líderes las podemos mejorar, forjar, templar y hasta ajustar para un buen cimiento de tu organización. Al alcanzar tus metas te darás cuenta que la calidad de persona que te has convertido es más importante que lo que has logrado. Y con esta condición estarás fundando los cimientos más resistentes de tu liderazgo.

El saber cómo lograr tus sueños es la base de tu jornada. Nada tiene sentido si no comienza con **un entendimiento**. Lo que entendemos solemos creer. La creencia nos lleva a la acción y la acción a los resultados.

Las personas se guían por lo que saben. Por lo tanto es fundamental que sepan que la forma de ser, la forma de hacer y la forma de relacionarse están entrelazadas como un engranaje y que un elemento afecta al otro y a la vez se convierten en el cimiento de tus logros.

CAPÍTULO 7

Eje Motor

«Sólo lo que nazca dentro ti nacerá afuera de ti»

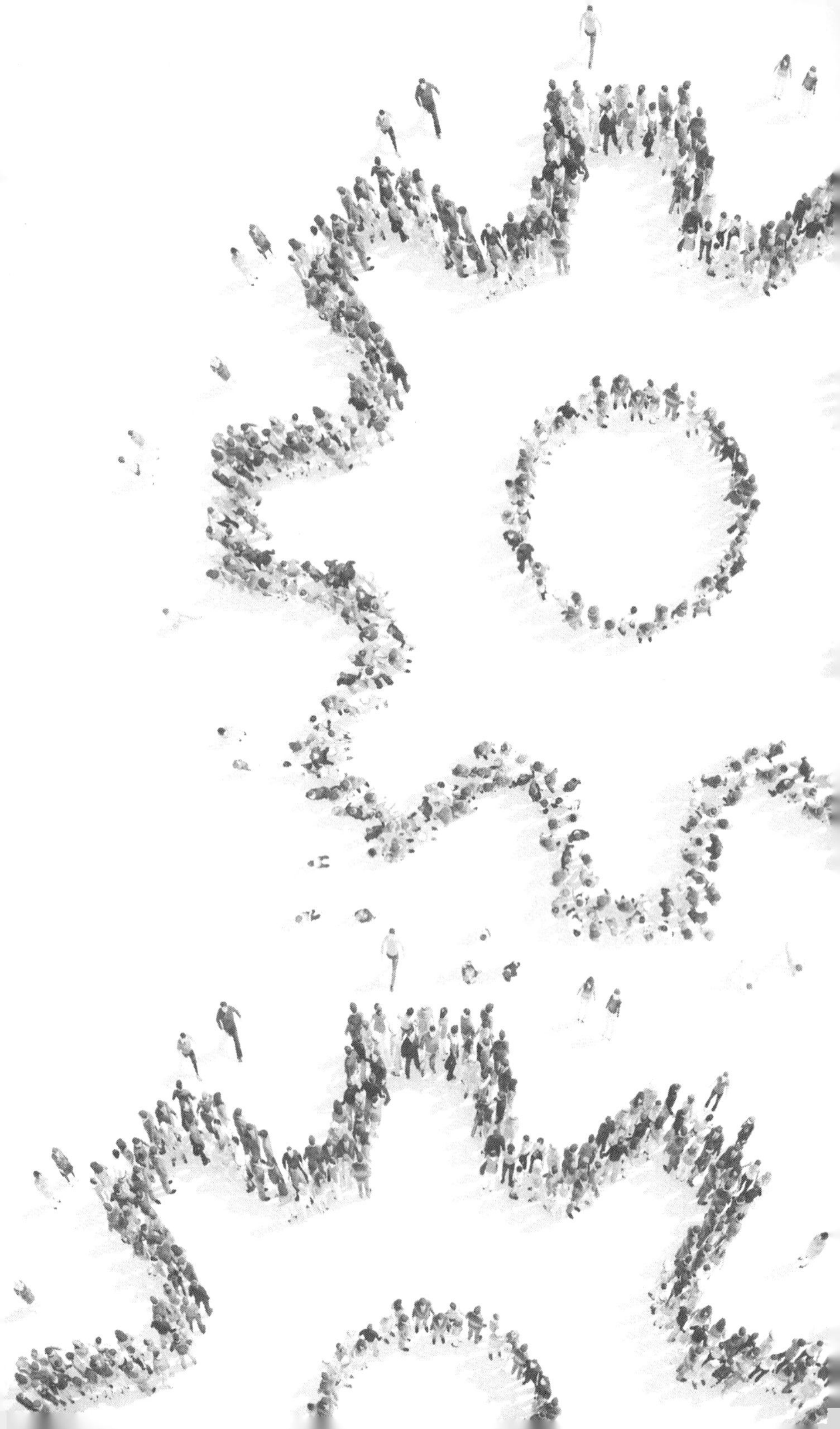

CAPÍTULO 7 EJE MOTOR

Como ya expuse en mi libro «**Engrane**», la historia del engrane comienza con la teoría de Arquímedes que dijo: «Dadme un punto de apoyo y moveré la tierra».

Como el rey Hierón II, puso en duda dicha frase, Arquímedes pidió que se cargara un barco con pasajeros y abundantes mercancías, de manera que se necesitarían muchos hombres para sacarlo del agua y dejarlo varado en el muelle. Arquímedes, sentado a cierta distancia en una silla, tirando gradualmente y sin mucho esfuerzo de los extremos de las cuerdas que pasaban por un SISTEMA DE POLEAS (ruedas) arrastró el barco en línea recta sacándolo del agua.

Se cuenta que el rey Hierón II publicó al día siguiente un edicto por el que a partir de ese día, todo lo que dijera Arquímedes se considerará como cierto.

¿Qué es un engrane?
Los engranes están formados por ruedas dentadas. A una rueda dentada o con dientes se denomina engrane, el cual es utilizado para transmitir potencia de un componente a otro.

Podemos llamar engranaje al movimiento generado mediante el contacto de un engrane con otros. De manera

El eje motor

que uno de los engranes está conectado a un eje que está conectado a la fuente de energía y es conocido como **Eje Motor.**

El eje motor pone en movimiento a un engrane y este activa a otros engranes que se ponen en movimiento. **Este engranaje tiene como función convertirse en un mecanismo para maximizar la fuerza y producción.**

Entonces, el sueño, las metas u objetivos de un individuo se convierten en combustible y fuente de energía que echan a andar al Eje motor. El Eje Motor es el SER, el cual hecha a andar al engrane **Quehacer** y al engrane **Relaciones.** Este **Engranaje Lineal** tiene como función maximizar resultados.

Entonces, el sueño, las metas u objetivos de un individuo se convierten en combustible y fuente de energía que echan a andar al Eje Motor.

Cada engrane (Ser, Quehacer, y Relaciones) debe estar enlazado, ensamblado, incorporado, agrupado y acoplado de manera organizada para maximizar el funcionamiento, sumando fuerzas y transmitiendo movimiento. Es decir, el **Ser** es el eje motor para transmitir movimiento fluido al **Quehacer** y a las **Relaciones.** Estos tres engranes funcionando paralelamente, generan muy buenos resultados. Según la calidad del **Ser** o del carácter al transmitir movimiento será la efectividad del **Quehacer** y las **Relaciones.**

Esto tres engranes (Ser, Quehacer, y Relaciones) son

Capítulo 7 Eje Motor

elementos básicos e insustituibles para maximizar resultados en cuanto a venta directa se refiere. Reflexionemos en esto. Un engrane por sí mismo no maximiza su potencial. Es decir, podrás **Ser** una excelente persona pero si no haces nada no pasa nada. Por otro lado, podrás **Hacer** mucho. Pero hacer por hacer sin estar consciente con qué calidad tampoco vas a tener los resultados. Aun así, podrás **Relacionarte** con las personas de la manera más eficaz pero si no haces nada más no tendrás los resultados.

Hay personas que se esconden en las relaciones para evitar poner un esfuerzo. Señoras y señores, un engrane por sí solo, es decir, el **Ser**, el **Quehacer**, o las **Relaciones**, por sí solo no logra nada. La sincronización de estos engranes es lo que logra sinergizar y tener resultados mayores en comparación al esfuerzo de una sola misma.

El modo de SER equivale al Eje Motor, el cual es un mecanismo que impulsa y activa al engrane Quehacer. Y por lo tanto, la efectividad del engrane Quehacer aviva al engrane Relaciones.

◇◇◇◇◇◇◇◇◇◇◇◇◇◇◇◇◇◇◇◇◇◇◇◇◇

Entonces pasemos a comprender que **el modo de Ser equivale al Eje Motor, el cual es un mecanismo que impulsa y activa al engrane Quehacer. Y por lo tanto, la efectividad del engrane Quehacer aviva al engrane Relaciones.** Estos tres elementos juegan un papel fundamental en la industria del multinivel.

El eje motor

He visto como organizaciones echan a perder individuos por no darle importancia a este concepto. De la misma forma he visto a supuestos líderes atrancar a socios por ignorar este mecanismo lineal.

En nuestros principios al emprender esta oportunidad, había un supuesto líder llamado Epi. Él era deshonesto. Decía una cosa y hacía otra. Encubría la verdad. Había ocasiones que actuaba con mala actitud al sentirse descubierto. Era impaciente y arrogante, y en ocasiones hasta irrespetuoso.

Pronto nos dimos cuenta de su forma de **Ser** y por lo tanto nos causaba desconfianza en cuanto al **Hacer**. Pues cuando auspiciábamos personas tratábamos de escondérselas pues sabíamos que podía humillarlas y lastimarlas con sus comentarios al **Relacionarse** con ellas. El grupo crecía y se empequeñecía. Nos tomo algo de tiempo darnos cuenta que **el modo de ser** de Epi afectaba la forma en que **hacía** las cosas y por consecuencia afectaba **las relaciones** entre los IBOs. Los socios repentinamente se alejaban de Epi y se rajaban.

De la escala del 1 al 10, Epi, en relación a su modo de **Ser**, **Quehacer y Relaciones** yo diría que en el **Ser** tenía un 0, en el **Quehacer** un 2, y en las **Relaciones** un 3. En cuanto a su liderazgo, al multiplicar estos factores en relación al engranaje lineal nos daríamos cuenta que tendría un cero.

Es decir:
(Ser) 0 x (Quehacer) 2 x (Relaciones) 3 = 0 resultados

También he conocido líderes como Machuquis que enfatizó mucho en desarrollar el **Quehacer**. Ignoró que tan importante era cultivar el **Ser** y las **Relaciones**. Machuquis tuvo muy buenos logros. Tenía una alta actividad en cuanto a lista, contacto, plan, seguimiento. Era persistente y soñador. Planificaba las cosas a su conveniencia. Muy pronto nos dimos cuenta que esos supuestos logros eran resultados de trampas y mentiras.

Machuquis, también tenía un buen nivel en las **Relaciones**. Según él, observaba las cualidades positivas de las personas pero las criticaba a sus espaldas. Corregía los pequeños detalles de conducta que lo molestaban y desde el escenario humillaba a quien pretendía corregir. Es decir, evitaba confrontar a los socios uno a uno en privado pero lo hacía en público. Era capaz de exigir cumplir con las normas de conducta que él mismo quebrantaba y no respetaba. Aparentaba aceptar con actitud positiva las diferencias de opiniones y en su rostro expresaba descontento y enojo. A Machuquis le encantaba poner apodos y burlarse de sus colegas. Exigía que se sometieran y se ajustaran a sus criterios y poder así aceptar más fácilmente a quien le cayera bien. Trataba de convencer con argumentos inventados o falsos.

De la escala del 1 al 10, Machuquis, en el **Ser** tenía un 0, en el **Quehacer** un 8, y en las **Relaciones** un 5. En cuanto a su liderazgo, al multiplicar estos factores en relación al engranaje lineal nos daríamos cuenta que tendría un cero.

Es decir:
(Ser) 0 x (Quehacer) 8 x (Relaciones) 5 = 0 resultados

En los siguientes párrafos vamos a dar una serie de ejemplos de cómo un individuo puede empezar su crecimiento a través del engranaje lineal de **Ser, Quehacer y Relaciones**, con una consideración de autoevaluación de estos tres elementos. Al autoevaluarse eso le proveerá un punto de partida al socio. Conforme

El eje motor

el líder progresa usando los principios ilustrados en este escrito, va a ver mejorías marcadas, las cuáles pueden ser calculadas usando la gráfica. De esta manera, un líder puede mantenerse llevando su propia cuenta y vigilar que no haya un falso o desordenado crecimiento, sino un verdadero crecimiento equilibrado y específico en cada uno de sus tres engranes.

Veamos un ejemplo como funciona. Vamos a decir que algún líder, **Panchito**, autocalifica su «**Ser**» más o menos con un 2. Al continuar, él piensa que no es bueno en muchos de sus «**Quehaceres**» y está sujeto a demorar y a tener excusas con los demás. Por lo tanto, se autocalifica: un 1. Finalmente, **Panchito** cree que él es más o menos bueno en construir amistades y sostener buenas relaciones y se pone un 3 en «**Relaciones**». De esta forma, el método consiste en el planteamiento de un problema matemático: S=2, Q=1, R=3, que simplemente se resuelve con la formula: 2 x 1 x 3=6. Evaluación general: 6. Entonces **Panchito**, podrá usar este resultado como la Valoración de Efectividad de su propio liderazgo.

2 x 1 x 3=6 en Efectividad de Liderazgo

Es importante entender el modo que esta fórmula mide el liderazgo:

1000 – 800 = Líder Excelente
800 – 600 = Líder Bueno
600 – 400 = Líder Medio
400 – 200 = Líder en Crecimiento
200 – 0 = Líder Nuevo

Hasta aquí, todo resulta muy fácil. Pero si queremos saber nuestra propia realidad, tendremos que ser prudentes, para darle certeza y objetividad a nuestra propia

Engrane Lineal
«Panchito»

	SER	QUEHACER	RELACIONES
10 Lo Mejor			
9			
8			
7			
6			
5			
4			
3			
2			
1			
0 Lo Peor			

evaluación de liderazgo. Porque en general, la gente suele sobre evaluarse. Siempre el intervalo entre la autocrítica y la realidad, tiende a la confusión y tentará al autoengaño.

Simplemente, cuando los líderes son suficientemente

valientes para enfrentar su propio diagnóstico, es como pueden asumir el reto y desafiar apropiadamente su pronóstico. **Los líderes pueden solamente mejorar cuando ellos mismos deciden mejorar.** Y ellos no pueden mejorar, hasta que ellos sepan en dónde son débiles y en dónde son fuertes. Nadie puede controlar ni alterar el pasado desde dónde comienza su jornada, pero SÍ pueden planificar para desarrollar lo que descubrieron y empezar una nueva jornada.

Desde luego, habrá que estar conscientes, que un líder nuevo, al someterse al auto análisis, va a resultar por lo regular, dignamente débil en todos sus perfiles; por lo que el resultado general de su autoevaluación será muy bajo. En estos casos, la buena noticia será que ya conoce la medición de sus debilidades principales hallándolas en cada uno de sus tres engranes. Por lo tanto, el líder joven, localizará con precisión, qué tanto esfuerzo es requerido en cada uno de sus engranes, de: «**Ser**», «**Quehacer**» y «**Relaciones**», y así saber donde acentuar esfuerzos, para detonar un impacto en la calificación final.

Por ejemplo, vamos a decir que el mismo **Panchito**, mejora su habilidad de «**Quehacer**» de un 1 a un 4. Recalculando su valoración total le daría un **24 (2 x 4 x 3=24)** en Efectividad de Liderazgo, y al compararlo con el **6** preliminar cuando empezó, se observa una ligera superación. Obviamente, de aquí se desprende que el factor multiplicador más importante fue el que aumentó.

2 x 4 x 3=24 en Efectividad de Liderazgo

Lógicamente, al observar el ejemplo, es de considerarse que las metas de efectividad de liderazgo serán llegar a obtener un 10 en «**Ser**», 10 en «**Quehacer**» y 10 en

CAPÍTULO 7 EJE MOTOR

Engrane Lineal
«Panchito, ha mejorado»

10 — Lo Mejor

9

8

7

6

5

4

3

2

1

0 — Lo Peor

SER　　　QUEHACER　　　RELACIONES

«**Relaciones**» para alcanzar el máximo resultado de 1000 (**10 x10 x10=1000**) como autocalificación. Y que por lo tanto, moviéndose de un **6** a un **24** no es muy impactante. Es por ello que exponemos que los líderes nuevos necesitan paciencia y perseverancia. Se llevará tiempo y esfuerzo

El eje motor

para mejorar paso a paso desde el «**Ser**», los «**Quehaceres**» y las «**Relaciones**», que es el factor multiplicador donde la diferencia externa es trascendente.

Pero al usar este sistema de engranaje lineal, como un instrumento de medición de liderazgo, Panchito, ya ganó y se ha movido de un 6 a un 24, lo que significa un 300% de mejoría en su resultado final de Efectividad de Liderazgo. Y miren ustedes, regularmente, esa SÍ es una mejoría muy importante, aunque desde afuera otros casi no podrán percibirlo todavía. No obstante, lo importante es que **Panchito ya** está poniendo las bases de su éxito futuro.

Igualmente, quien pretenda ser un líder empresarial en este modelo de negocio, no puede atenerse a ser bueno solamente en una cosa. El engranaje lineal nos muestra que un líder, para llegar a ser exitoso, tendrá que desarrollar tres elementos básicos que estén entrelazados e interrelacionados. ¿Por qué tiene que ser así? Porque los negocios de un líder empresarial exigen estar interactuando constantemente con su «**Ser**», con sus «**Quehaceres**» y con sus «**Relaciones**».

Más claro, estos tres engranes tienen que tener la capacidad de estar vinculados y proporcionados en sus aspectos para tener buenos resultados.

Ya cuando un líder entienda el concepto de «Engranaje», y tome la responsabilidad completa de crecer progresiva y balanceadamente en estas tres áreas, es solamente asunto de tiempo antes de que el efecto multiplicador de la mejoría entre y los resultados externos sean revelados.

En otras palabras, lo externo comenzará a vislumbrarse,

Capítulo 7 Eje Motor

hasta cuando un líder asuma la responsabilidad de mejorar el **Ser**, el **Quehacer**, y las **Relaciones** por un esfuerzo consciente, tomando las riendas de su crecimiento personal y fortaleciendo sus debilidades.

Bueno, se pretende demostrar que cuando el líder ha logrado equilibrar sus TRES perfiles, podrá disfrutar de ese efecto combinado, lo cual le dará la pauta a seguir trabajando por superarse equitativamente en sus TRES partes.

Y en la medida que vaya creciendo mediante este método, su prestigio irá prevaleciendo y su buena reputación influirá entre la gente. Porque el efecto compuesto, al interactuarse, se maneja como una mezcla interesante, ofreciéndose como una sabiduría ecléctica que en forma trivalente coopera con las personas, al brindarles simultáneamente lo mejor de su **Ser**, lo mejor de sus **Quehaceres**, y cultivar **Relaciones**.

Este efecto compuesto es lo que provoca que el líder tenga resultados. No se trata de algo sobrenatural, ni de algo mágico, sino de algo que se puede lograr con voluntad, decisión y perseverancia. Y este método de medición, «Engranaje Lineal», es una forma de demostrar e ir marcando la mejoría y el alcance de influencia particular de cada líder.

Nadie debe cómodamente decir, «Yo no nací para ser líder», porque la historia nos ha demostrado que los líderes no nacen, SE HACEN.

¿Cuántas veces hemos visto en este modelo de negocio por dondequiera hay personas sencillas, humildes o naturales, que ejercen tremenda influencia sobre otros y

121

El eje motor

tienen resultados externos masivos que demuestran sus efectos? Por supuesto que las hemos visto muchas veces, en todos los géneros, de diferentes generaciones y de diversos estratos sociales. Ese es el poder del eje motor Ser, el engrane Quehacer, y el engrane Relaciones como partes de un todo.

Todos los grandes líderes de la historia, dejaron huellas imborrables en este mundo y en su gente, porque utilizaron este efecto combinado que como líderes pudieron desarrollar al percatarse que solos, por muy fuertes, muy talentosos o muy ricos que sean, nada podían cambiar, y para todos ellos, los logros transcendentales requirieron de una influencia masiva de su liderazgo.

Lo importante que hay que celebrar, es que éste efecto multiplicador está disponible para todos. Solamente se requiere tomar la decisión de seguir éste proceso moderno para el desarrollo de su propio liderazgo, y encaminarse para crecer equilibradamente en **Ser, Quehacer y Relaciones**.

CAPÍTULO 8

Resumen

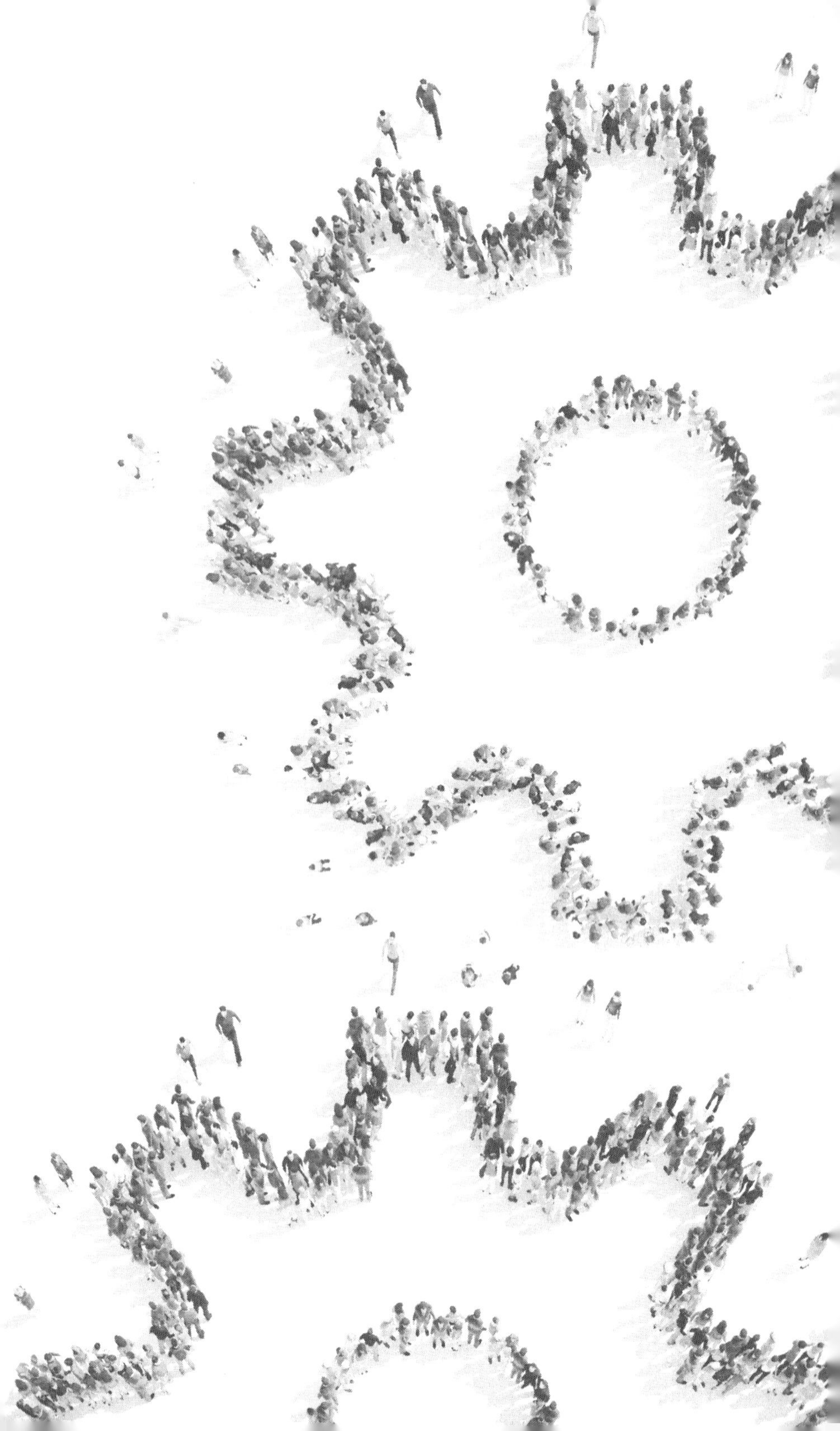

CAPÍTULO 8 RESUMEN

¿Qué es un engranaje lineal? Engranaje lineal es cuando tu Ser, Quehacer, y Relaciones están en armonía.

Una persona puede crecer externamente en dinero, en fama, en negocio, pero si por dentro no está en armonía con ese crecimiento pronto se derrumbará o simplemente vivirá una vida con mucha infelicidad.

El crecimiento personal, no es una opción para un líder. La Biblia nos dice que nunca se nos será dado más de lo que no podamos manejar. Por lo tanto, si queremos más, tenemos que desarrollar la capacidad de manejar más.

Engranaje Lineal, es una herramienta que podemos utilizar para medir la efectividad de nuestro liderazgo. Es decir, pretende ser un método sencillo de autoanálisis. Mide la efectividad de nuestros resultados mientras avanzamos hacia cualquier meta.

A continuación, trataremos pues, que cada quien, cada líder o cada persona, tenga la oportunidad de echarse una mirada a sí mismo, para que por sí mismos se hagan una autocrítica, identificando y reconociendo conscientemente sus potencialidades y limitaciones:

El eje motor

Autoanálisis

Mira el siguiente ejemplo: **S x Q x R= MP**

Ser X Quehacer X Relaciones = Máximo Potencial.

Pongámosle número a esto. Imagínate que el más alto potencial es de 1000.

900 - 1000 = Máximo Potencial
700 - 900 = Potencial Promedio
500 - 700 = Potencial Medio
200 - 500 = Potencial en Crecimiento
200 - 000 = Líder Nuevo

No podemos dejar de mencionar aquí que las personas deben ir creciendo en los tres mecanismos de forma simultánea. Cuando un líder no se percata de esta necesidad dejará de avanzar

Es bueno especificar que un engrane con una sola rueda y a través de una polea u otra herramienta podría mover un objeto pesado, pero si a este se le añaden más engranes, se le llamaría engranaje y movería más peso.

Un líder que quiera llegar lejos en este modelo de negocio no podrá darse el lujo de crecer sólo en una cualidad. Necesita poner en marcha los tres elementos del engranaje lineal. Cuando el líder toma bien el concepto de crecer de manera progresiva en estas tres áreas, es cuestión de tiempo para que los resultados se vean revelados ante todos los que le rodean, el líder debe entender que tiene un potencial por encima de lo que él es capaz de ver en este momento, y que tomando cada engrane para que trabajen en pos de su crecimiento, llegará a sus metas

Engrane Lineal

10 — Lo Mejor
9
8
7
6
5
4
3
2
1
— Lo Peor
0 —⚙————⚙————⚙—
    SER   QUEHACER   RELACIONES

de forma cómoda y con menor esfuerzos. Es pesado el avance cuando descuidamos unas de estas áreas. Es tiempo de hacerte responsable de tu liderazgo y comenzar a evaluar y reconocer tus debilidades y flaquezas, hasta que se conviertan en fortalezas.

El eje motor

El balance en los tres engranes hacen que el resultado llegue al máximo potencial. Las personas no deben decir, «Yo no nací para ser un líder». Nunca deben devaluarse diciendo, «No tengo suficiente oportunidades o tengo demasiados defectos».

Según el concepto del engranaje lineal el crecimiento depende de la capacidad de poder concientizar tu forma de Ser, tu Quehacer, y tu forma de Relacionarte. Estos tres engranes que hemos mostrados te conducirán a un crecimiento. Este crecimiento se efectuará progresivamente de manera interna y externa. El líder no nace, se hace, y eso ya lo hemos explicado, pero quisimos también aplicarlo y mostrarlo por medio de la teoría de Arquímedes, «Dadme un punto de apoyo y moveré la tierra». **Los líderes que fracasan no son conscientes de que pueden apoyar su** crecimiento en este concepto de engranaje lineal: Ser, Quehacer, y Relaciones. Cada una de estas cualidades o perfiles te harán correr con mejor efectividad hacia tus sueños.

El Ser, el Quehacer, y las Relaciones son engranes en el ser humano que están entrelazados. El sueño, el deseo de superarse, es el combustible que echa a andar al Eje Motor que se compone del SER.

El Ser, el Quehacer y las Relaciones son engranes en el ser humano que están entrelazados. El sueño, el deseo de

Capítulo 8 Resumen

superarse es el combustible que echa a andar al Eje Motor que se compone del SER.

No hay desarrollo a través del engranaje lineal sin la voluntad del individuo y sin un esfuerzo consciente. Nadie puede desarrollarse o desarrollar a otro contra su voluntad o sin su propio esfuerzo.

Estos tres elementos empujan y hacen posible el mejoramiento del individuo, y lo mueven a un mundo de nuevas perspectivas. Un poco de atrancamiento en uno de estos engranes pondría en lentitud o destruiría el engranaje y echaría a perder el movimiento o tus objetivos.

Cuando una persona se desarrolla, desencadena un crecimiento en sus habilidades que a la vez lo conducirá a mejores y más amplios logros.

> **Cuando una persona se desarrolla, desencadena un crecimiento en sus habilidades que a la vez lo conducirá a mejores y más amplios logros.**

Ahora bien, los individuos aprenden cuando abren la consciencia a nuevos conocimientos. Muchas personas fracasan porque creen que lo saben todo o creen que no saben nada. Cuando hablamos de metas, es necesario que haya un crecimiento dentro de la persona. Cuando la persona está consciente del crecimiento que necesita, entonces busca ese conocimiento. Stephen Covey dijo, «Las victorias internas anteceden a las externas». Nada que no nazca adentro, nacerá afuera de ti. Para que un edificio exista, primero debió haber existido en una idea en la mente y corazón de algún inversionista o constructor. Todo lo que crece en lo interior de seguro nacerá en el exterior.

Uno debe de razonar y aceptar que en lo que uno se convierte es más importante que lo que uno logra. Y con esta condición estaremos fundando los cimientos más resistentes de nuestro liderazgo. Por eso es importante calcular la calidad de nuestro **Modo de Ser**, nuestro **Modo de Hacer** las cosas y nuestro **Modo de Relacionarnos**. Estos tres aspectos de nuestra formación como líderes lo podemos forjar, mejorar, templar y hasta ajustar.

Es importante entender el modo que esta fórmula mide el liderazgo:

1000 - 800 = Líder Excelente
800 - 600 = Líder Bueno
600 - 400 = Líder Medio
400 - 200 = Líder en Crecimiento
200 - 000 = Líder Nuevo

El resultado de 1000 en efectividad, podemos verlo difícil, pero no imposible. Lo que nunca se debe hacer, es parar en su búsqueda, la lucha debe persistir acortando el trecho entre donde estemos y la posibilidad de palpar el máximo que soñemos alcanzar.

Jamás debemos conformarnos creyendo que hemos llegado a la cima porque esta creencia va a frenar el impulso del ritmo progresivo que llevemos. Aún peor, hasta podría hacernos retroceder.

Se pueden contar muchas historias de grandiosos

Capítulo 8 Resumen

líderes que lograron tener una influencia tremenda, y creyeron que ya era suficiente para «dormir en sus laureles», descuidaron su crecimiento para después caer estrepitosamente, simplemente por su egolatría y falta de consideración y preocupación por sí mismos y por los demás.

Jamás debemos conformarnos creyendo que hemos llegado a la cima porque esta creencia va a frenar el impulso del ritmo progresivo que llevemos.

Pero si de escuchar historias se trata, lo mejor es apoyarnos en los ejemplos históricos de los líderes que nunca se rindieron en las batallas que les resultaron adversas, que nunca claudicaron en sus sueños y esperanzas de victoria, redoblaron sus esfuerzos y triunfaron porque nunca pararon cuando llegaron a la cima, desde donde miraron a muchos compañeros que todavía necesitaban de su liderazgo y continuaron sin alabarse por lo que habían logrado, sino que visionaron lo que les faltaba por lograr para los demás.

He aquí una breve semblanza de un líder de esos, que se convirtió por su liderazgo, como el paladín «Benemérito de las Américas», Don Benito Juárez García.

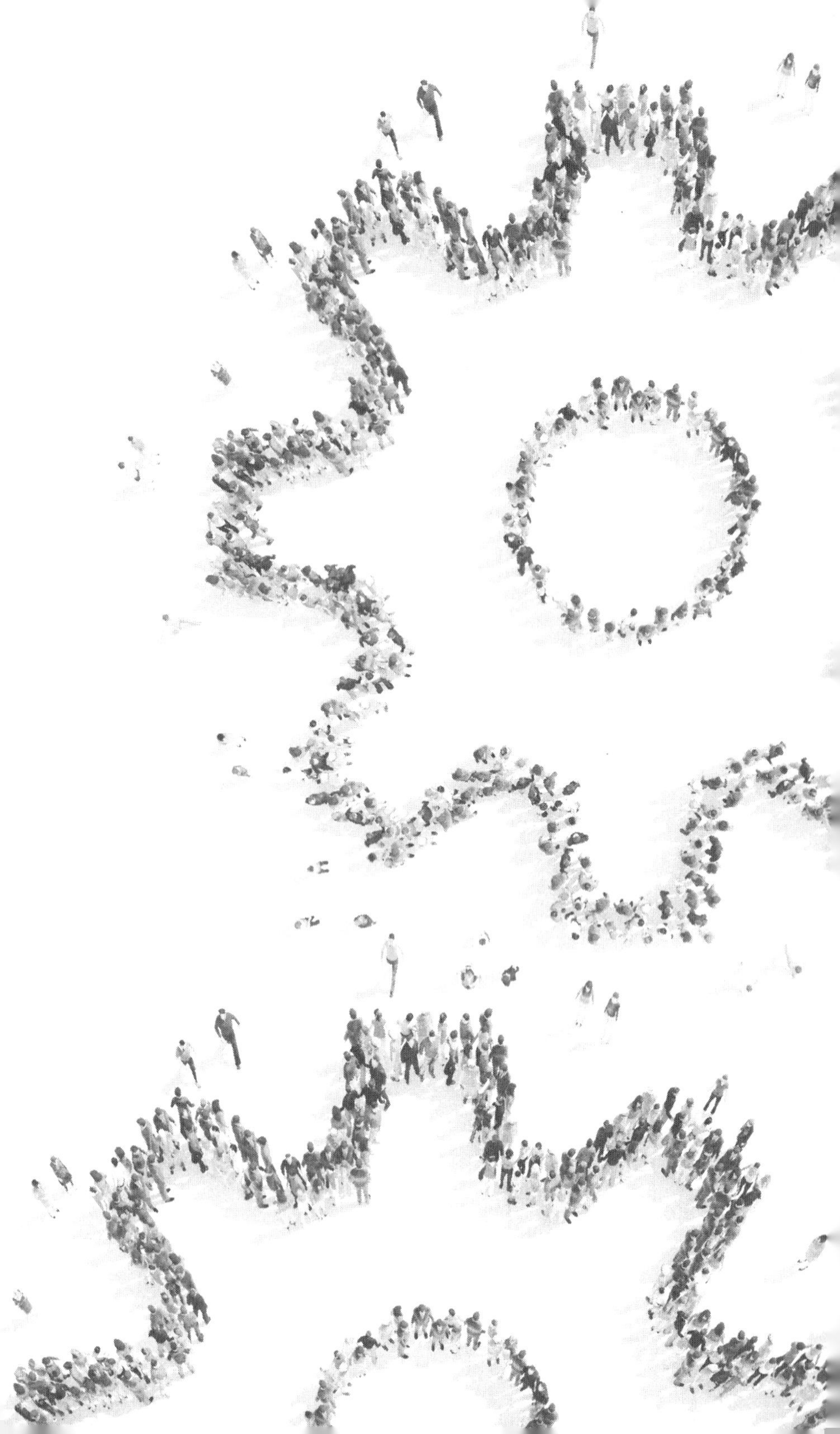

CAPÍTULO 9

Semblanza

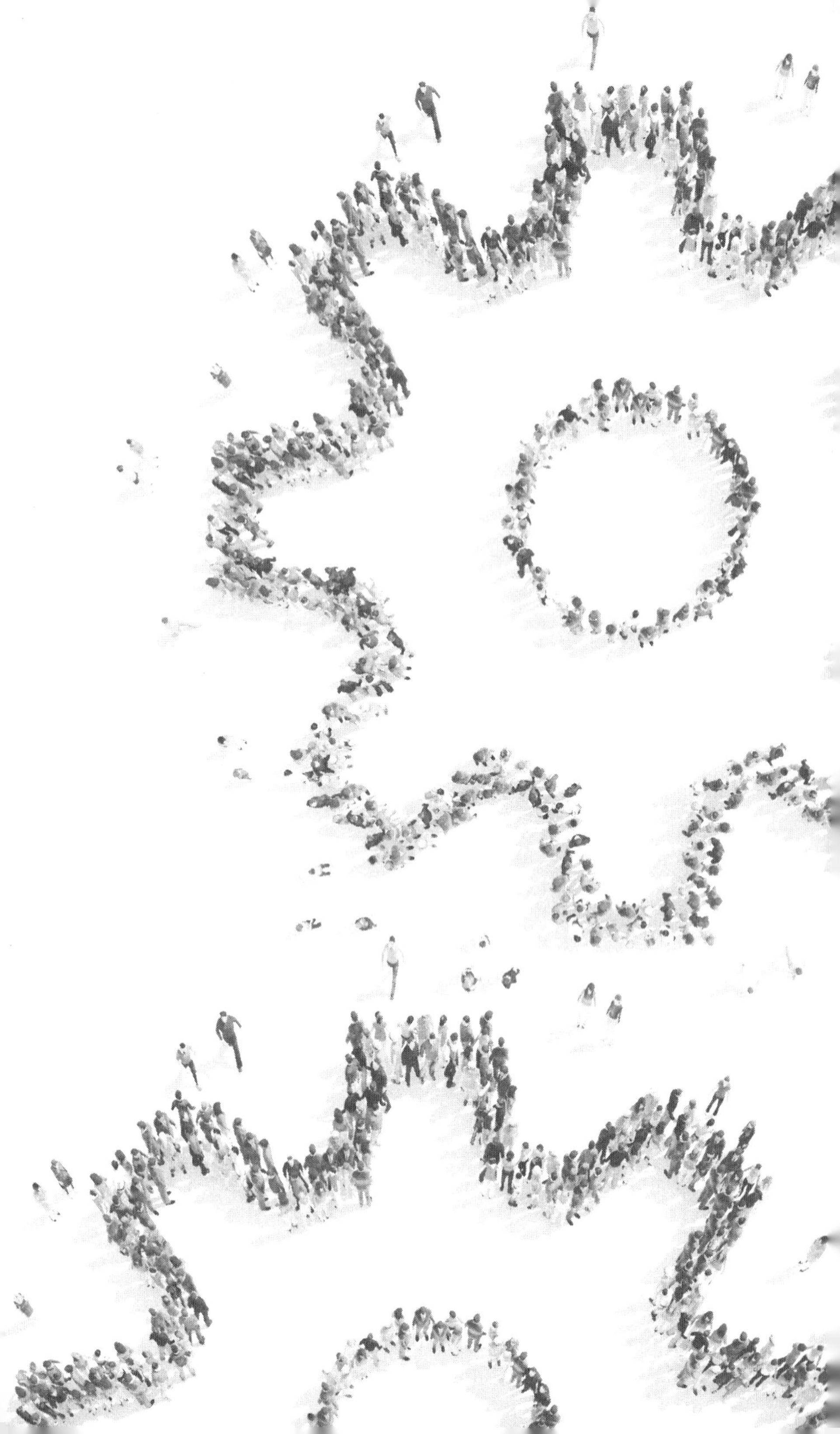

CAPÍTULO 9 SEMBLANZA

Don Benito Juárez García

«BENEMÉRITO DE LAS AMÉRICAS»

Benito Pablo Juárez García, nació el 21 de marzo de 1806, en el Villorrio de San Pablo Guelatao, Oaxaca, México, población ubicada en el nudo montañoso mixteco-zapoteca (hoy Sierra de Juárez) hijo de Marcelino Juárez y Brígida García, quienes eran, según sus propias palabras, «índios de la raza primitiva del país», y murieron cuando Benito, apenas tenía 3 años de edad.

Por lo cual, quedó al amparo de sus abuelos y hermanas, Rosa y Josefa, aunque finalmente terminó bajo la custodia de su tío, Bernardino Juárez a quien solo se le ocurrió poner a aquel niño, como peón de campo y como pastor de ovejas hasta que aquel indito llegó a la edad de 12 años y huyo a la ciudad de Oaxaca, por miedo, tras habérsele perdido un par de ovejas.

(Aquellos eran tiempos turbulentos, agitados en Europa donde se gestaban movimientos sociales para romper con las supersticiones y reminiscencias de la época feudal y, en toda América se acentuaba el colonialismo y la opresión hacia los indios, sometiéndolos a la explotación despiadada y condenándolos a la falta de oportunidades de educación, para que vivieran en el oscurantismo).

Al llegar a la ciudad de Oaxaca, aquel niño llevaba varios días haciendo camino a pie, descalzo, harapiento, hambriento y extenuado. No hablaba más que su lengua materna, el zapoteco, y después de pasar muchos esfuerzos, encontró a su hermana Josefa, que era sirvienta de un comerciante extranjero de apellido Maza, quien tras escucharlo relatar las peripecias que pasó para llegar a su casa, lo acogió como sirviente doméstico.

Benito, no sabía leer ni escribir, pero insistía en que su patrón le enseñara a pronunciar palabras del idioma castellano y él a su vez le correspondía dándole traducciones al zapoteco. Y por este medio, obtuvo la simpatía de Don Antonio Maza, quien intercedió para que Benito fuera aceptado como aprendiz de encuadernación con el sacerdote Franciscano Antonio Salanueva.

Fue así, como teniendo en sus manos aquellos folletos, y escuchando algunos de sus títulos y contenidos, aprendió con un apetito increíble de saber, y ahí mismo, en sus ratos libres hacía la primaria y, jugaba perseverante y aprendiendo para estimular sus aspiraciones (sueños) de superación personal. El sacerdote Franciscano se impresionó con el **carácter,** decisión y tenacidad de aquel niño, en su perseverancia del aprendizaje no lo soportaba, y mejor optó por tramitar su ingreso en el Seminario de la ciudad.

En el seminario de «Santa Cruz», curso las asignaturas de latín, Filosofía y Teología. Pero el seminario no le llenaba, en especial le aburría la teología, clase donde se dormía. Y con la oposición de su protector Salanueva, abandonó el seminario e ingresó a la carrera de Jurisprudencia en el Instituto de Ciencias y Artes de Oaxaca.

Algunos de sus profesores eran masones, que fueron influenciados por la **actitud** de como él desarrollaba varias cátedras y le cogieron admiración y sus **relaciones** influyeron para que aquel indio se desempeñara como líder Rector del Instituto, en el cual siempre profesó y defendió ante todo, sus **visiones y sueños** liberales.

En una ocasión, le pidieron que aceptara en una obra de teatro el personaje de un «Griego», siendo él un indio muy moreno, pero además, el libreto incluía recitar unos versos en latín. Sin pensarlo mucho, Benito asumió el reto, y para sentir el **carácter** de un griego, se blanqueo la cara con harina de maíz, lo hizo tan grotescamente, que todos se rieron de él cuando salió al escenario. Sin embargo, cuando sus **actitudes** en el recital fueron hablando en perfecto latín, con acento romano y la mímica francesa, lo cual influyó en sus **relaciones** con el público y provocó que, ¡tronara en ovaciones y aplausos todo el auditorio!

Pero Benito, ni se inmutó, no se dejo perturbar por aquellas efímeras glorificaciones y las consideró transitorias e innecesarias para la continuación del desarrollo de sus potenciales.

Ya en 1833, **con su carácter y actitudes**, se ganó la admiración y respeto de sus profesores quienes ya lo reconocieron como un auténtico líder, quienes por sus **relaciones**, lo impusieron en algunos puestos modestos del ayuntamiento y ese mismo año lo promovieron a su primer cargo de elección popular como Diputado local.

Pero nunca descansaba, seguía cumpliendo todas sus

responsabilidades aprendiendo, hasta que en 1834 obtuvo su liberación de aquel Instituto, llevándose la acreditación de Licenciado en Derecho.

Pero las condiciones del país no eran nada fáciles para un liberal y la burguesía clerical no le aplaudía sus éxitos, y lo forzaron a huir a Puebla, donde tuvo que trabajar administrando unos baños públicos. Pero nunca se dio por vencido, regresó a Oaxaca y fue designado Juez de Primera Instancia.

A la edad de 37 años, se caso con Margarita Maza, hija adoptiva de su antiguo patrón.

Luego lo nombraron Fiscal del Supremo Tribunal de Justicia oaxaqueño. Sus **actitudes** como líder le fueron dando más influencia y en 1847 se traslado a la ciudad de México como Diputado Federal, donde conoció las entrañas secretas de la organización masona y se enroló con el nombre de «Guillermo Tell» formando su propio equipo.

Debido a la invasión estadounidense, fue nombrado Gobernador interino de Oaxaca, y sus acciones se caracterizaron por lograr el equilibrio económico y cultural de sus seguidores, que ya eran la inmensa mayoría del pueblo. Duplicó el número de edificios escolares, creó el puerto de Huatulco y construyo el camino que lo conectara con la capital de Oaxaca.

Desde las 5 de la mañana instalaba su escritorio público para que cualquiera, sin importar su condición social o económica, pudiera hablar con él, luego entraba a su despacho para no salir hasta muy altas horas de la noche.

Al terminar su periodo de gobierno, El Instituto de Ciencias y Artes, lo llamó para que siguiera impartiendo cátedra y el primer día, todo el personal lo recibió dándole un homenaje, en el cual, se cuenta que se sintió incomodo y expresó: «*Libre, y para mi es sagrado, el derecho de pensar... La educación es fundamental para la felicidad social; es el principio en el que descansan la libertad y el engrandecimiento de los pueblos*».

Un día, mientras daba cátedra, fue tomado prisionero por unos militares mandados por el traidor Antonio López de Santa Anna, quien lo desterró enviándolo desde Veracruz hacia Cuba, donde trabajó en una fábrica de puros.

En cuanto juntó un poco de dinero se traslado por barco a Nueva Orleáns, donde busco apoyo de las logias masónicas y allí conoció a Melchor Ocampo y a otros hispanoamericanos, con quienes se reunía constantemente, en diferentes domicilios y a veces en secreto, para enfrentar sus condiciones políticas y migratorias en los Estados Unidos y planificar una red que les diera soluciones económicas porque sus salarios eran miserables, y discutían alternativas para volver a México. Desde el destierro, este grupo apoyó el famoso «Plan de Ayutla», donde en 1854 se proclamó la derribación del traidor Antonio López de Santa Anna.

En 1855, Juan Álvarez, al alcanzar la presidencia de la República, nombró a Don Benito Juárez, Ministro de Justicia e Instrucción Pública, y desde luego vinculó su **carácter** con sus **actitudes**, instrumentó y expidió la «Ley sobre Administración de Justicia y Orgánica de los Tribunales de la Nación». Obligatoria para todo el territorio mexicano y de tajo circunscribía los privilegios militares y eclesiásticos suprimiendo los «Tribunales especiales».

El eje motor

Iniciándose con ésta Ley, las bases para la separación política y económica entre «La Iglesia y el Estado», cuya promulgación, hurgó en las convicciones de algunos liberales temblándoles la piel, y al Presidente Ignacio Comonfort, tratara de conciliar los intereses entre conservadores y liberales, (coloquialmente trató de juntar a las gallinas con las águilas) lo que aprovecharon los críticos conservadores que apoyaban a la iglesia católica, manipulando la prensa para localizar la complicidad de aquellos liberales.

Nuevamente en 1855, apresar a Don Benito Juárez, aún a pesar de haber sido Ministro de Gobernación y Presidente de la Suprema Corte de Justicia. (Aquí podemos pensar que las **relaciones** de Don Benito se ponían a prueba).

Esto provocó una guerra ideológica y militar, el gobierno se corrompió y Comonfort se humilló ante Don Benito Juárez, le pidió ayuda, y Don Benito se dirigió al Estado de Guanajuato, cuna de la independencia, donde Manuel Doblado era Gobernador.

Cuando llegó, la sorpresa fue mayúscula, sus **relaciones** habían sido bien sembradas, porque Manuel Doblado ya había desconocido como presidente a Comonfort y tenía proclamado a Don Benito Juárez García como Presidente de la República.

A partir de este suceso, continuó creciendo en su **carácter, actitudes y relaciones**: promulgando leyes progresistas que dieron base e influencia para la Constitución de 1857. Sería muy demostrativo narrar todas las veces que éste LÍDER encabezó los «sueños» de libertad económica y cultural de sus seguidores. Como líder de la república, desde 1858 las circunstancias lo empujaron a echarse

Capítulo 9 Semblanza

sobre su espalda a sus seguidores y peregrinar por el territorio nacional.

La primera ruta fue en un «carruaje» tirado por caballos (no disponía de aviones o coches de motor) hacia Guadalajara, Colima y Manzanillo, se embarcó y cruzó el canal de Panamá, tocando La Habana con destino nuevamente a Nueva Orleáns, donde la prensa lo abordó incesantemente.

Regresó por Veracruz donde lo esperaban su esposa e hijos, junto con una muchedumbre que lo aclamaba, pero él ni se inmutaba, **seguía promoviendo su carácter y actitudes para optimizar sus relaciones**, dando conferencias, haciendo reuniones y entrenando constantemente a diferentes grupos para enfrentar las acometidas del clero católico y las élites afectadas por la libertad emancipadora que aquel líder infundía.

Hasta que logró la victoria, después de peregrinar por todo el país salvaguardándose como Presidente constitucional contra sus críticos conservadores y derrotar la invasión francesa aquel glorioso 5 de Mayo de 1862, apoyado por los indios «zapocoaxtlas», ridiculizando al ejército más poderoso de aquellos años.

Ni esa gesta heroica fue suficiente para frenar a Don Benito, el sabía que si se paraba perjudicaría su causa, y no se equivocó. El Vaticano, los gobiernos ingleses, franceses y españoles, le decretaron un «Embargo» espiritual, económico y militar al liderazgo de Don Benito Juárez. Lo cual mermó sus posibilidades defensivas y retomó su peregrinar dirigiéndose a Dolores Hidalgo, Guanajuato, donde un hombre anciano pretendió inclinarse ante aquel líder, pero éste lo detuvo diciéndole: «Soy yo quien debo de inclinarme a usted» y le preguntó que «como vio a Don Miguel Hidalgo», el anciano contestó: «era un hombre extra ordinario», y Juárez le repuso más o menos así: «Ahora los mexicanos nos **caracterizamos con nuestras actitudes, relacionándonos con sus ideales**».

Y continuó viajando en su carruaje hasta llegar a San Luís Potosí, luego Monterrey, Saltillo y Chihuahua donde estableció su liderazgo, quizás pensando estar cerca de otro gran líder Abraham Lincoln, quien muy poco o nada podía hacer para ayudarle, porque en ese tiempo estaba en medio de la guerra de secesión entre el norte y el sur de los Estados Unidos.

El 21 de marzo de 1865, le organizaron una fiesta de cumpleaños. Juárez al enterarse, trató de cancelarla pero la euforia que aquel líder excitaba era irresistible. Entonces Don Benito ordenó que ningún centavo del erario público del gobierno se gaste y que la reunión (como de unas 800 personas) sea aprovechada para re-adiestrar espiritualmente a todos los desfallecidos liberales que impulsaron en un principio su liderazgo.

Pero la guerra se prolongó y el itinerario del peregrinaje de Juárez siguió nuevamente por muchas ciudades de la nación mexicana. Sin embargo, los invasores europeos tomaron la ciudad de México.

Y cuando las fuerzas aliadas francesas, inglesas, españolas y las clericales del vaticano habían ya instalado a Maximiliano de Hamburgo como «emperador» y suponían aniquilados a los seguidores de Don Benito Juárez, el merito 5 de Mayo de 1867, en San Luís Potosí, ante una multitud de hombres, mujeres, jóvenes y niños, se proclamó la VICTORIA, con el **carácter y la actitud**

Capítulo 9 Semblanza

del líder Don Benito Juárez García y un caudal enorme de **muchísimas relaciones entre líderes** entrenados y hechos en el fragor de las batallas dentro de su organización republicana.

En aquel memorable acto, Don Benito expuso en su discurso esencialmente lo siguiente:

«Pueblo de México, amados conciudadanos, el baño de sangre por el que ha pasado la República, no podrá ser olvidado jamás, la sangre de vuestros hijos, la sangre de vuestros esposos, la sangre de vuestros padres, no fue derramada inútilmente, porque al (caracterizarse) afianzarse la República, se afianza la libertad (actitudes) y la soberanía nacional. Y el concierto de (relaciones) todas las naciones admirarán a este pueblo, hoy y por los siglos hasta siempre jamás. Recordad esto, no podemos flaquear, tenemos que seguir adelante porque nuestra recompensa será la gloria eterna y el respeto de todos los pueblos y naciones que sabrán que México no es lugar donde buscar aventura ni arrostrar batalla para someter a un pueblo a la esclavitud.

»En este momento os digo, mexicanos, la libertad es una realidad, la libertad es un ejemplo para todas las naciones y los pueblos y orgulloso estoy de ser el Presidente (líder) de tantos (líderes) mexicanos combatientes y que nuestra nación realmente es hoy madura, hoy respetada, hoy temida, hoy bravía, hoy fuerte, y esta fecha sólo es el inicio, el comienzo de una grandeza que nunca acabará, (porque producirá siempre: líderes bienhechores). Malo sería dejarnos desarmar por una fuerza superior; pero sería pésimo desarmar a nuestros hijos, privándolos de un buen derecho, que más valientes, más patriotas y más sufridos, lo harían valer y sabrían reivindicarlo algún día.»

El eje motor

Finalmente la organización republicana fue restaurada y su LÍDER liberal fue renovado en varias elecciones constitucionales, y, durante el desarrollo de sus mandatos, fueron muchas las frases célebres:

«Nada de contemporizaciones con los hombres viciados y los que se han acostumbrado a hacer su voluntad como moros sin señor.»

«Los hombres no son nada, los principios lo son todo.»

«No se puede gobernar a base de impulsos de una voluntad caprichosa, sino con sujeción a las leyes.»

«No se pueden improvisar fortunas, ni entregarse al ocio y a la disipación, sino consagrarse asiduamente al trabajo, disponiéndose a vivir en la honrada medianía.»

(Hasta aquí el ejemplo de un líder que nunca se rindió, que nunca se acostó a «dormir en sus laureles», creyendo que ya había hecho suficiente).

Capítulo 9 Semblanza